Erste Hilfe für deine High Performance

Das Erste-Hilfe Handbuch für deine Gedanken und Gefühle

Chris Pape & Tom Oberbichler

Pimp Your Brain! 1

be wonderful! Verlag

ISBN: 978-3-902969-19-4

be wonderful! Verlag

1170 Wien

Inhalt

Widmung

Für dich, Jörg.

Danke, dass du ein Stück des Weges mit uns gemeinsam gegangen bist. Wir bauen weiter die Welt, von der auch du geträumt hast.

Erste Hilfe?

Alle Menschen haben ein Potential. Das Potential ist das Optimale, was zu einem bestimmten Zeitpunkt, in einer bestimmten Situation, für einen Menschen möglich ist.

Menschen, die ihr Potential ausleben, sind High Performer, High Performerinnen. Sie bringen ihre optimale Leistung in einer bestimmten Situation, zu einem bestimmten Zeitpunkt. Sie nutzen die Gelegenheiten, die sich ihnen bieten und sind erfolgreich.

Vielleicht denkst du bei High Performance an Berühmtheiten aus Film, Literatur, Sport, Wirtschaft oder die »High Society«? High Performerinnen und High Performer findest du überall auf der Welt und in allen sozialen Schichten. Das kann deine Mutter sein, die dich immer unterstützt hat und dabei auch auf sich selbst aufgepasst hat, dein Lehrer, der dich für ein Fach begeistert hat und von dem du heute noch schwärmst, dein Kollege, mit dem du gerne zusammenarbeitest, weil mit ihm die Arbeit noch mehr Spaß macht, deine Freundin, mit der du Lachanfälle ohne Ende teilst. Das bist du selbst, sobald du in deiner für dich optimalen mentalen, emotionalen und körperlichen Verfassung bist und mit Freude und Hingabe einer Tätigkeit nachgehst, die dich komplett ausfüllt.

Kommt dir das bekannt vor?

Für die Meisten sind das bisher einige wenige Momente im Leben, wo sie im Flow sind, und wirklich das Beste aus sich und ihrem Leben machen.

Wie können Menschen verhindern, dass sie unaufhaltsam im Flow sind?

Was kann Menschen davon abhalten, ihr Potential auszuleben?

Wir haben viel ausprobiert, in unseren Trainings viele Menschen begleitet und unserer Erfahrung nach gibt es dafür hauptsächlich einen Anlass:

Falls Menschen die Verantwortung für ihr Sein und über die eigenen Gedanken, Gefühle und in der Folge Handlungen abgeben. Oft, weil sie glauben, sie hätten keine andere Option.

Ist dir das auch schon passiert?

Etwas geschieht, jemand tut etwas, du tust etwas ... und plötzlich ist es da. Dieses starke, scheinbar überwältigende Gefühl, das sofort und ganz unmittelbar die Kontrolle über dich zu übernehmen scheint.

Manchmal ist es schlicht Ohnmacht, manchmal Angst, Schmerz, Wut, Ärger, Frustration, Enttäuschung, Verzweiflung, Trauer, Ungeduld ...

Diese Gefühle haben viele Namen und eines gemeinsam – viele Menschen fühlen sich ihnen ausgeliefert.

Kennst du das?

Hast du endlich genug davon dich ausgeliefert zu fühlen ? Wünschst du dir die Freiheit dein ganzes Potential auszuleben zurück? Bist du schon bereit eine High Performerin, ein High Performer zu sein?

Dieses Buch will nicht dem positiven Denken das Wort reden und auch nicht alle negativen Gefühle verdammen.

Wir sind uns vollkommen bewusst, dass all diese Gefühle, so unangenehm und schmerzhaft sie sein können, eine wichtige Funktion haben und ein vorübergehender Teil des Lebens aller Menschen sind.

Therapien – egal ob im körperlichen, geistigen oder emotionalen Kontext – gehen davon aus, dass etwas kaputt ist – in den schlimmsten Fällen sind damit Menschen gemeint.

Erste Hilfe für deine High Performance ist keine Therapie.

Erste Hilfe für deine High Performance ist ein mentales und körperliches Trainingsprogramm für deine Fitness.

Tom hat lange ehrenamtlich als Rettungssanitäter gearbeitet und sich intensiv mit (körperlicher) Erster Hilfe beschäftigt – theoretisch und praktisch. Er mag an der Ersten Hilfe, dass sie klare Ziele verfolgt und auf Überleben und Empowerment ausgerichtet ist.

So komplex das von außen vielleicht teilweise aussehen mag, so einfach sind die wenigen Schritte, die im Notfall Leben retten.

Eine Blutung wird gestillt. Atmung und Kreislauf werden geprüft und im Bedarfsfall unterstützt. Die richtige, unterstützende Lagerung wird vorgenommen, Körpertemperatur vielleicht noch reguliert. Für fragwürdige Spekulationen ist kein Platz, wenn der Schmerz akut ist. Die Priorität sind die zentralen, lebenserhaltenden Systeme.

Das ist nicht kompliziert, sondern ganz leicht. Jede und jeder kann es lernen und so Leben retten.

Diese Art von Erster Hilfe haben wir vor Augen, während wir Erste Hilfe für deine High Performance schreiben.

Wir haben im Laufe unseres Leben – aus eigener Erfahrung mit uns selbst, in unserem beruflichen Alltag – vor allem als Wanderführer, Fremdenführerin, Trainer und Trainerin für Kommunikation und High Performance viele Techniken und Strategien kennen und anwenden gelernt, die Menschen in emotionalen Ausnahmesituationen helfen, die Verantwortung wieder zu erlangen, wieder fest auf dem Boden zu stehen, klar zu sehen und gut zu hören – am Steuer ihres Lebens zu sein.

So wie Tom früher einen Druckverband angelegt hat, um eine Blutung zu stoppen, so leitet Chris heute Atemübungen an und zeigt Menschen, wie sie sich wieder Raum zum Atmen verschaffen.

Unsere Erfahrung in der Arbeit mit Menschen bestätigt uns, dass es im mentalen und emotionalen Bereich nicht anders ist. Und dabei meinen wir sowohl emotionale Reaktionen auf körperliche Verletzungen als auch unangenehme und schmerzhafte Gefühle anlässlich von sozialen, emotionalen Ereignissen und Erlebnissen oder sich im Kreise drehende, unproduktive Gedanken, auch Sorgen genannt.

Wir gehen immer davon aus, dass jeder Mensch ganz ist. Er oder sie verhält sich nach den besten Optionen, die ihm oder ihr in der spezifischen Situation zur Verfügung stehen. Das liefert nicht immer das gewünschte Resultat. Manchmal waren die bewusst wahrgenommen Optionen sehr eingeschränkt und er oder sie wünschte *sich* anders zu verhalten zu haben.

Was Menschen, die gerade eine emotionale Krisensituation durchleben, als Erstes brauchen, ist eine emotionale Erste Hilfe, die es ihnen möglich macht – selbstständig oder mit Unterstützung – den ersten großen Schritt hinaus aus Ärger, Ohnmacht, Wut, Verzweiflung, Trauer, Scham, Schuld, Schmerz zu machen und so wieder in der Lage zu sein, mehrere Optionen, mehrere Wahlmöglichkeiten als solche zu erkennen, durchzuatmen und gute, kreative und produktive Entscheidungen zu treffen.

Das Ganze immer Schritt für Schritt. Diese Erleichterung, diese Öffnung reicht den Betroffenen in den meisten Fällen aus, um wieder aufrecht vorwärts zu gehen.

Wie dieser erste Schritt genau aussieht und für wen, welches Mittel in welcher Situation am besten wirkt und hilft, hängt von vielen Faktoren ab. Das ist der Grund, warum wir dir ein vielfältiges Angebot anbieten. Es gibt auch hier kein Allheilmittel, wobei es viele Techniken und Strategien gibt, die fast immer in fast allen Situationen fast allen Menschen gut tun.

Wir haben alle persönlich und mit anderen in unseren Trainings erfolgreich getestet und sind zeitweise immer noch überrascht, wie schnell und mächtig diese einfachen Werkzeuge wirken.

Exzellenz ist immer Ergebnis von regelmäßigem Üben. Unsere erste und vielleicht wichtigste Empfehlung an dich ist: Teste die Mittel, die wir dir in die Hand geben, in Situationen und bei Gelegenheiten, in denen du dich wohl und sicher fühlst. So findest du schnell heraus, was dir leicht fällt, was dir Spaß macht und was bei dir die schnellste und stärkste Wirkung hat. Indem du genau diese Strategien übst und trainierst – mental und in der Praxis – stehen sie dir in den Situationen, wo du sie wirklich brauchst, zur Verfügung und du hast in ganz natürlicher Weise auf sie Zugriff und wendest sie direkt und unmittelbar an.

Dieses Buch ist eine Anleitung zum Reichtum in jeder Hinsicht.

Sich Wohlfühlen ist ein grundlegendes Menschenrecht, das du mit deiner Geburt verdient hast. Wir wissen aus unserer eigenen Lebenserfahrung, dass es auch, wenn du bereit bist, die positiven Seiten einer Sache zu sehen, bei jeder positiven Lebenseinstellung und den besten Bedingungen immer wieder zu Situationen, Ereignissen und auch Begegnungen kommt, die nicht angenehm sind, die manchmal schlicht schmerzhaft und sehr unerfreulich sind.

Wir wollen diesen Teil des Lebens nicht wegschreiben, weil wir wissen, dass Leben nicht so funktioniert. Wir haben uns selbst Wege eröffnet, erarbeitet und weiterentwickelt mit diesen Herausforderungen erfolgreich umzugehen, die wir dir hier schenken.

Nicht alles im Leben ist schön. Es tut weh, wenn ein lieber Mensch stirbt, auch eine Trennung kann so richtig weh tun, ein Rückschlag im Business, in der Karriere, beim Sport, Verletzungen oder Krankheiten sind wahrlich kein Spaß – zumindest nicht im ersten Moment.

Und es haben uns schon so viele Menschen vor uns gezeigt, dass sie gestärkt, erneuert, ja wie neugeboren aus den schwierigsten Prüfungen hervorgehen.

Was wir uns geschenkt haben und was wir mit dir teilen, ist die Fähigkeit, die Ohnmacht, das sich Ausgeliefertfühlen, die Hilflosigkeit zu überwinden und die Kontrolle und Verantwortung wieder zu übernehmen.

Das löst an sich kein Problem und tut es doch. Die Erste-Hilfe-Techniken, die du hier in *»Pimp Your Brain! Erste Hilfe für deine High Performance«* lernst, helfen dir wieder klar zu denken, frei durchzuatmen und mit angenehmer Stimme zu dir und anderen zu sprechen.

Danach triffst du gute Entscheidungen und lebst dein Leben erfolgreich weiter.

So schenkst du dir die Fähigkeit dein Potential auszuschöpfen und zu erweitern. Du hörst auf dich einzuschränken oder einschränken zu lassen und lebst als High Performer, als High Performerin. Du bringst Top-Leistungen.

Denn es ist dein erster Schritt zur High Performance, dass du weißt, wie du in einer gefühlt unangenehmen Situation die Handlungen setzt, mit denen du dich in einen besseren Zustand bringst.

Das Beste daran ist: Jede einzelne Technik ist sowohl wirklich einfach zu lernen und anzuwenden als auch hochwirksam. Sobald du die Erste-Hilfe-Techniken für dich selbst gemeistert hast, kannst du mit ihnen auch andere in allen Lebensbereichen unterstützen und gemeinsam erfolgreich sein – ein schöner Weg dieses Wissen und diese Fähigkeit zu verbreiten.

Handeln tust du. Du setzt um, du wendest an und du bestimmst. Indem du die Verantwortung wieder übernimmst, zunächst innehältst und dir kurz anschaust, was wirklich in dir abläuft, gibst du dir die Chance, neu auszuwählen und etwas anders zu machen als bisher. Damit bist du wieder am Ruder deiner Gefühle, es ist alles gut. Du findest den weiteren Weg zu Glück und Erfolg aus eigener Kraft.

Unsere Einladung an dich: Schau dir die Tools an und teste sie. Wir sagen gerne dazu: Lernen funktioniert am besten, wenn du schon angefangen hast zu lernen und anzuwenden, bevor du in eine emotionale Not- oder Drucksituation kommst. Das ist der einfache Weg. Und dann wählst du die Tools für dich aus, die für dich am produktivsten sind.

Es ist heute kein Geheimnis mehr: Sobald es dir gut geht, sobald du dich wohlfühlst, greifst du auf all deine Ressourcen zu und triffst gute Entscheidungen.

Du lernst hier also nicht direkt, wie du erfolgreich kommunizierst, schöne Beziehungen lebst, gesund und fit bist und bleibst, dir Ziele setzt, sie erreichst und in allen Bereichen deines Lebens dein Potential voll ausschöpfst, deine optimale Leistung bringst und erfolgreich bist.

Du machst die notwendigen Schritte davor: Du schaffst dir mit diesem Erste-Hilfe-Kurs die Grundlage für all das, damit High Performance für dich zu deinem Lebensstil wird.

So wie wir von der Arbeit, dem Wissen und der Erfahrung anderer profitiert haben, gönnen wir dir die Abkürzungen, die du so findest, von ganzem Herzen.

Wir haben Vertrauen. Wir haben Vertrauen in uns, in die Welt und in dich. Wir wissen, dass Menschen gut sind und immer jeweils die Wahl treffen, die sie als die beste erkennen. Unser Angebot an dich ist: Wir zeigen dir, wie du selbst in allen Situationen mehr Wahlmöglichkeiten für dich erkennst und dir selbst die beste Chance gibst.

Komm mit!

Chris Pape & Tom Oberbichler, St. Gingolph & Wien, Dezember 2014

Ich bewege mich – Ortswechsel

Geht es noch einfacher als einfach? Wir glauben schon – und du entscheidest selbst für dich.

Bei dieser Technik tust du nichts anderes als deinen Ort zu verändern - je nach den örtlichen Begebenheiten und der Situation, in denen du bist, unterschiedlich weit.

Das Wesentliche ist: Du bewegst dich und verlässt den Ort, wo du dich befunden hast, als die schlechte Nachricht kam, dein unangenehmes Gefühl begann.

Mit dem Gefühl selbst tust du bewusst gar nichts. Du stehst einfach auf und setzt dich auf einen anderen Sessel. Du gehst in einen anderen Raum. Wenn du dazu nicht den Platz hast oder die Situation es nicht zulässt, dann reicht es oft schon aus, dass du das Gewicht von einem Bein aufs andere verlagerst. Die Hände andersherum verschränkst, die Beine übereinanderschlägst oder sie gerade nebeneinander stellst. Wenn du gerade am Telefon bist, wechsle das Ohr, mit dem du hörst. Ändere deine Kopfhaltung.

Wichtig ist, dass du eine örtliche, räumliche Veränderung im Außen vornimmst.

Und dann, sobald du diese Veränderung vorgenommen hast, stellst du dir die Frage: »Was fühlt sich jetzt schon anders an?« Fühle dazu auch in deinen Körper hinein und schenke dir Achtsamkeit.

Vielleicht bist du überrascht, welch großen Unterschied so eine kleine Bewegung für dich ausgemacht hat.

Atemübung – Ich atme tief durch

Wir stellen dir in *»Pimp Your Brain! Erste Hilfe für deine High Performance«* einige Atemübungen vor. Lass uns mit der einfachsten der einfachen beginnen. Mach es dir bequem.

Du nimmst einen tiefen Atemzug durch die Nase und dann atmest du aus, indem du deine Lippen so formst, als würdest du pfeifen wollen. Du machst deinen Mund nur ein wenig kleiner und spürst sofort, wie regelmäßig und vollständig du dabei ausatmest. Anschließend wiederholst du den Prozess ein zweites Mal und noch einmal, solange es dir Spaß macht und du merkst, um wie viel langsamer dein Atmen und dein Denken schon geworden sind. Du gewinnst Ruhe.

Sobald du durch die Nase einatmest, wird die Luft auf dem Weg in deine Bronchien und Lungen gefiltert. Das ist natürlich immer eine gute Idee und in Momenten der emotionalen Anspannung und Belastung um so mehr. Das ist ein natürlicher Schutzmechanismus, den du hast.

Das Ausatmen durch den Mund erleichtert dir alles loszulassen, was du nicht mehr brauchst. Durch den halb geöffneten Mund strömt die Luft so leicht und gleichmäßig aus dir zurück in die Welt.

Oft stellt sich schon nach einem Zyklus eine starke Veränderung im Gefühl ein und du kannst diese Übung auch gerne öfter wiederholen. Achte auch hier auf die Veränderungen in deiner Wahrnehmung, in deinem Gefühl.

Manchmal ist Leben so richtig hart

Da hilft kein Drumherum reden und kein Kopf in den Sand stecken. Wir wissen das, weil wir es selbst erlebt haben. Wir haben die kleinen Tiefs überlebt und auch die großen.

2007 hatten wir großes Pech und Glück zugleich. Was als fröhlicher Kletterausflug mit lieben Freunden und Freundinnen begann, endete für mich, Tom, und meine Liebste auf der Intensivstation im Krankenhaus. Ich hatte mir die Wirbelsäule gebrochen, sie schwerste Kopfverletzungen erlitten.

Ich hatte gehört, dass in lebensbedrohenden Situationen das eigene Leben wie ein Film vor dem inneren Auge abläuft. Ich kann das nicht bestätigen – während meines Absturzes im Flug, kreisten meine Gedanken nur um die Zukunft, um das, was unten auf mich wartet, auf das, was kommt.

Vielleicht war ich deswegen so entspannt und habe beim Aufschlagen genau die zwei Quadratmeter Waldboden zwischen all den Felsen getroffen. Wer weiß, das ist nicht wichtig. Wichtig ist, dass ich überlebt habe und meine Liebste auch.

Wir haben nicht nur überlebt, wir haben – mit der Hilfe von unseren Lieben – unser zweites Leben dankbar angenommen und widmen uns jetzt noch entschlossener als zuvor den guten Gefühlen und feiern das Leben und unser Überleben, indem wir uns jeden Moment dafür entscheiden und einsetzen mehr als eine, ja mehr als zwei Optionen vor uns zu sehen.

Das beginnt immer mit ganz kleinen Schritten, die eine so große Wirkung entfalten, weil wir konsequent dranbleiben.

Der allererste Schritt ist immer das Durchbrechen der Starre, das Überwinden der Bewegungsunfähigkeit, das Erwachen aus der gefühlten Ohnmacht.

Das Erste, was ich vom Arzt im Notfallraum hörte, war: »Sie haben einen Wirbelbruch, wir werden operieren – sind Sie einverstanden?«

Ich war überrascht. Irgendwie war ich davon ausgegangen, dass ich »gar nichts« habe. Bevor ich dem Arzt etwas sagte, nahm ich liegend einen tiefen Atemzug durch die Nase, hielt die Luft kurz an und atmete vollständig durch den Mund wieder aus. Und gleich noch einmal. Ich war ganz nah bei mir und so war meine Antwort eine Frage: »Welche Alternativen habe ich?«

»Na, wenn Sie unbedingt wollen, einen Gipspanzer für 3 Monate Minimum, das kann auch klappen.« »Ok, den nehme ich.«, sagte ich entschlossen. - Welch gute Entscheidung!

Das Ding war sieben Kilo schwer und ich brauchte 3 Wochen und 4 verschiedene Ärzte und Ärztinnen, um ihn loszuwerden und gegen eine moderne, leichte Hightech Schiene umzutauschen.

Und das nur, weil ich immer daran glaubte, dass mehr Möglichkeiten möglich sind, ich immer das verlangte, was ich mir wünschte und entschlossen an meinen Zielen dranbleibe.

Ich habe daraus gelernt, dass Leben ein Geschenk ist, das ich dankbar annehme und so feiere, dass ich negative Emotionen wie Trauer, Wut, Verzweiflung, ... zulasse. Oft sind sie eine wichtige Rückmeldung für mich. Ich bedanke mich für die Information und ich verweile nicht an diesem Ort. Ich mache den nächsten Schritt weiter, nach vorne, hin zu einem Gefühl, das etwas besser ist als das zuvor.

Worum geht es?

Bei dieser Ersten Hilfe für deine High Performance geht es um direkte, schnelle Interventionen, die du sowohl unmittelbar in emotional schwierigen Situationen als auch nach solchen Erlebnissen einsetzt, die eine rasche, qualitative Besserung und Veränderung bewirken.

Hier geht es nicht um langfristige Strategien oder aufwendige Konzepte. Kurz, knackig und hochwirksam ist die Devise – ohne viel Drumherum. Die einzige Philosophie im Hintergrund ist: Jeder Mensch verdient es sich in jeder Situation möglichst gut zu fühlen. Und im nächsten Moment zumindest ein klein wenig besser als gerade eben noch.

Alle mentalen und körperlichen Techniken und Strategien haben gemeinsam, dass du auf der physischen, materiellen Ebene Veränderungen im Arbeiten und Zusammenspiel deiner Nerven, deines Gehirns, deines ganzen Körpers vornimmst. Du unterbrichst gezielt und entschlossen den unangenehmen Zustand und änderst den chemischen Mix in deinem Körper. Du musst an nichts glauben, damit diese Erste Hilfe funktioniert, du wendest sie einfach an und merkst, was für dich am besten funktioniert.

Wir können uns gut vorstellen, dass du manche Elemente der Ersten Hilfe für deine High Performance schon kennst und neu kennenlernst, anderes ist vermutlich gänzlich neu für dich und wir setzen immer bei den Fähigkeiten, Eigenschaften und Fertigkeiten an, die du schon hast oder gehabt hast. Du bringst alle notwendigen Ressourcen mit, auch wenn du dir dieser möglicherweise (noch) nicht bewusst bist.

So verschieden die einzelnen Erste-Hilfe-Techniken

sind, sie haben viel gemeinsam: Du brauchst nur dich selbst. Du brauchst weder Vorkenntnisse noch Hilfsmittel. Alle sind einfach und leicht zu erlernen und zu nutzen.

Einige sind rein gedankliche Übungen, andere sind stärker körperorientiert.

Du kannst alle in beliebiger Reihenfolge miteinander kombinieren und sie nacheinander anwenden. Die einzige Regel, die gilt, ist: Du machst so lange weiter, bis du wieder Herr oder Herrin deiner selbst bist, Regie in deinem Gefühlsleben führst, frei atmest und dich bewusst selbst gut entscheidest und dir den Weg frei gemacht hast für deine High Performance.

Viel Spaß!

Ich summe mir was vor

Ist dir schon aufgefallen, dass du nur einen Gedanken gleichzeitig haben kannst? Auch wenn du dich mit vielen Dingen beschäftigst, konkret denken tust du immer nur einen Gedanken. Die meisten Menschen springen unbewusst und recht willkürlich zwischen Gedanken. Entspannungstechniken wie Selbsthypnose, Tai Chi oder Meditation helfen da das Steuer wieder zu übernehmen – bei regelmäßigem Training.

Wir haben für dich eine Abkürzung, eine ganz einfache Übung, die du jetzt anwenden kannst und die sofort hilft.

Du machst dir die Tatsache, dass du immer nur einen Gedanken denkst, zunutze, indem du dir innerlich etwas vorsummst. Vielleicht ein Lied, das du kennst und magst, du kannst dir auch einfach selbst eine Melodie einfallen lassen.

Diese innerliche Summen ist besonders wirksam in Zeiten, wo du in negativen Schleifen gedacht hattest. Statt zu versuchen etwas anderes, Positives zu dir zu sagen (= in Worten zu denken), summst du dir einfach etwas vor. Damit belegst du deinen inneren auditiven Kanal und summst den negativen inneren Dialog weg. Unser Gehirn funktioniert so.

Zwei Fragen noch, sobald du mit dem Summen begonnen und für – sagen wir 30- 60 Sekunden – gesummt hast: Wie haben sich deine inneren Bilder dabei geändert? Und in welchem Körperteil merkst du am schnellsten dein verändertes Gefühl?

Ja, du kannst – als zweiten Schritt - auch laut und im Außen hörbar summen, das steht dir frei und es ist in diesem Zusammenhang wirksamer dein Summen ganz in dir zu lassen und dich wahrlich von innen nach außen mit deiner Melodie auszufüllen.

Vielleicht bemerkst du beim Summen auch, dass dir ein Text zu deiner Melodie einfällt – den summst du dann einfach mit.

Bei diesem Erste-Hilfe-Kurs geht es nicht darum mit einem bewussten mentalen Kraftakt eine Gefühlsveränderung zu erzielen.

All Techniken und Übungen kommen sozusagen von der Seite her und greifen von dort aus direkt zu. Das macht sie universell einsetzbar und wirksam.

Ich lächle

So einfach, so selbstverständlich und so mächtig! Diese Übung eignet sich für jede Situation, jeden Ort und jede Zeit.

Falls du dich einmal unwohl fühlen solltest, ziehst du die Mundwinkel nach oben ... und behältst sie dort für mindestens eine Minute. Du lächelst und lässt dieses Lächeln in deinem ganzen Gesicht spielen, bis in deine Augen, sodass es dich von innen heraus reinigt.

Natürlich löst du bei dir bestimmte positive Anker und Erinnerungen aus, indem du lächelst und das tut dir gut. Noch wichtiger und wirksamer ist: Du schüttest mit deinem Gehirn Hormone und Neurotransmitter aus, die dir gut tun, Serotonin etwa, ein körpereigenes Wundermittel, das sich wunderbar anfühlt.

Das funktioniert anders herum genauso gut: Du rufst dir ein wunderschönes Erlebnis in Erinnerung, das dich berührt und begeistert. Du hörst ein Kinderlachen wieder, siehst deinen liebsten Menschen vor dir und lächelst.

Wenn du schon gut drauf bist und noch besser gelaunt sein willst, ziehst du die Mundwinkel 20 Sekunden lang hinauf oder mehrmals hintereinander 10 Sekunden lang. So steigerst du deine Lächelanzahl von 20 Mal, die Menschen im Durchschnitt pro Tag lächeln auf 40-50 Mal pro Tag. So oft lächeln glückliche Menschen an einem Tag. Vielleicht machst du es schon bald den Kindern nach, die bis zu 400 Mal pro Tag lächeln.

Du hast jede Menge Gründe zu lächeln und du tust es immer öfters!

Ich spreche liebevoll mit mir

Oft wird das Gefühl, das du gerade empfindest, nicht von dem, *was* du dir sagst, bestimmt, sondern von dem, *wie* du es dir sagst.

Vielleicht runzelst du jetzt die Stirn und sagst dir: » Ich rede doch nicht mit mir selbst, das machen doch nur ...«

Menschen denken in erster Linie in Bildern und Texten. Hier geht es um genau diese Texte, um das Denken in Worten.

Diese Worte haben einen Inhalt und eine Form – und diese Form ist mächtig. Wir sprechen hier davon, welche Stimme du hörst – ist es deine oder eine andere? Ist diese Stimme laut oder leise, hörst du sie von rechts oder links, spricht sie langsam oder schnell?

Such dir irgendeine Situation aus, vielleicht gerade diesen Moment, wo du *»Pimp Your Brain! Erste Hilfe für deine High Performance«* liest und achte darauf, *wie* du mit dir sprichst.

Sobald du das geklärt hast und es für dich stimmig ist, ändere eine der Eigenschaften deiner Stimme nach der anderen und beobachte, wie du damit jeweils dein Gefühl änderst.

Beginne zum Beispiel mit der Lautstärke. Was passiert, sobald du die Stimme leiser machst? Inwiefern fühlst du dich anders an? Oder lauter?

Von wo hörst du Stimme? Von links oder rechts, oben oder unten, mittig...

Welchen Tonfall, welche Melodie hat die Stimme?

Hat sie einen Akzent? Hörst du Dialekt?

Ist die Stimme hoch oder tief? Spricht sie schnell oder langsam?

Gerade wenn dieses Werkzeug für dich neu ist, dann empfehle ich dir, dass du beginnst an einer angenehmen Situation zu arbeiten und schaust, wie du dich dabei noch besser anfühlst. Die Erfahrung hat uns gezeigt, dass es von Mensch zu Mensch sehr unterschiedlich ist, welche dieser kleinen Veränderungen für dich die größte Wirkung hat. Teste und du findest es heraus.

Sobald du das – im Trockenen – geübt hast, ist es eine äußerst mächtige Technik, vor allem bei lang andauernden unangenehmen Gefühlen. Sorgen machen zum Beispiel oder Ärgern ...

Mit dieser Veränderung im *wie* du mit dir sprichst, bist du mit ein wenig Übung in der Lage schlagartig deinen Gefühlszustand zu verändern – und all das nur in dir. Niemand hört dir dabei zu, das Einzige, was den Menschen um dich auffällt, ist, dass sich deine Ausstrahlung blitzartig verändert und du viel besser aussiehst.

Und vielleicht hast du dich schon gefragt, ob denn das auch mit anderen Stimmen funktioniert, die du hörst. Entweder in einem tatsächlichen Gespräch oder in einem Gespräch, das du innerlich wiederholst oder konstruierst?

Teste es – und wir können uns gut vorstellen, wie überrascht du bist. Du fühlst dich einfach anders an, weil du die Eigenschaften deines inneren Dialogs geändert hast.

Chris, das Lektorat und die Stimmen

Zum Lektorieren drucke ich mir als Erstes den Text aus, nehme den ganzen Stoß Papier, eine Thermoskanne voller Kräutertee, eine Tasse und einen Bleistift und richte mich in einem Fauteuil oder auf der Couch angenehm ein. Dann gehe ich den Text Seite für Seite, Absatz für Absatz, Zeile für Zeile, Wort für Wort durch. Das heißt, ich lese mir den Text innerlich vor, manchmal sogar laut. Das fühlt sich richtig aufregend und spannend an, besonders, weil ich auf alle Texte, die ich lektoriere, neugierig bin und sie schätze.

Meistens habe ich mir für das Lektorieren einen gewissen Zeitrahmen gesetzt. Manchmal machte ich mir selbst dabei ganz schön Zeitdruck. In einem dieser Momente fiel mir auf, dass ich einen Druck im Brustkorb verspürte, der sich nicht gut anfühlte und der nicht wirklich hilfreich war. Er behinderte mich sogar. Ich las mir die Übung „Ich spreche liebevoll mit mir" wieder durch und mir fiel auf, dass die Übung perfekt auf meine aktuelle Situation passte.

Ich bemerkte, dass ich mit einer hektische Stimme zu mir sprach, schnell, hell und innerlich laut, die von rechts kam. Ich lasse sie nach links wandern und schon der Wechsel des „Kanals" bewirkt, dass meine Stimme eindeutig langsamer und tiefer ist.

»Wow, das geht ja schnell«, denke ich mir und beschließe sie in die Mitte meines Kopfes zu positionieren. »Ja, das ist gut!« Ich habe einen vollen satten Klang in meiner Stimme, der mir Sicherheit gibt. Ich kann mir sogar ein Echo machen, sooft ich will, ohne den Text wiederholt anzuschauen. »Das klingt ja nach einer tollen Arbeitsersparnis!« Dabei bemerke ich auch, dass sich

mein Atmen geändert hat. Habe ich vorher vor lauter Aufregung nur oben im Brustkorb geatmet, fühle ich jetzt, wie sich mein Bauch regelmäßig auf und ab bewegt!

Mit der langsamen Stimme, der tiefen Bauchatmung schaffe ich mir die Bedingungen das Lektorieren zu einer rundum schönen Erfahrung zu machen.

Ich atme tief, hole mir zwischendurch einen ganz tiefen Atemzug als Schwung und spare Energie und Zeit!

Denn was sich für mich am Anfang als Verlangsamung meines Arbeitstempo anfühlte, stellte sich als Beschleunigung heraus: Ich fühle mich nach einer Session weniger müde und angespannt und ich bin effektiv, weil ich auf mich höre, entspannt und gleichzeitig hochkonzentriert in einem stets guten Zustand bin!

Bauchatmung

Ist dir schon an dir aufgefallen, dass du, falls du irgendwie ängstlich oder sorgenvoll gewesen bist, viel flacher geatmet hast?

Und wie schnell hast du geatmet, wenn du dich gerade über den Verkehr geärgert hattest?

Es ist wichtig, dass du weißt, *wie* du atmest! Atmest du, indem du zuerst deinen Bauch vorwölbst und dann in den Brustkorb hinein oder hebt sich dein oberer Brustkorb und senkt sich wieder.

Beobachte dich in verschiedenen Situationen und achte darauf, wie unterschiedlich du atmest.

Hast du schon einem Baby, einem Kind beim Schlafen zugesehen? Sein Atem fängt im Bauch an, geht in den Rippen- und dann in den unteren Rückenbereich hinein und wieder hinaus. Babys bei Atmen zuzusehen hat eine ungemein beruhigende Wirkung auf uns Erwachsene. Vielleicht weil wir uns daran erinnern, dass wir auch einmal so natürlich leicht regelmäßig geatmet haben und uns dabei pudelwohl fühlen.

Und du schaust dir jetzt die Bauchatmung von den kleinen Kindern ab!

Das ist eine schöne Atemtechnik, die dir Stabilität schenkt. Sie erdet dich, gibt dir Kraft und stützt dich dabei, deine Gefühle anzunehmen.

Setze dich bequem hin und lehne dich mit geradem Rücken leicht zurück. Nun lege dir eine Hand auf den Bauch und lasse deinen Atem beim Einatmen in den Bauch hineinfließen. Dein Bauch weitet sich, wölbt sich nach außen und deine Hand geht mit. Beim Ausatmen stülpst du bewusst deinen Bauch nach innen und deine Hand geht auch diesmal selbstverständlich mit. Deine

Hand folgt bei jedem Einatmen der Auswärtsbewegung deines Bauches und bei jedem Ausatmen der Einwärtsbewegung deines Bauches und ist so in einer stetigen Auf-und Abbewegung im Rhythmus deines Atmens!

Am Anfang wirst du dich vielleicht fragen, wie du überhaupt den Bauch nach außen wölben kannst. Je kugeliger du in deinen Bauch hineinatmest, desto flacher und tiefer wird dein Bauch im Ausatmen und Loslassen.

Und sobald du eine weitere Challenge haben willst, legst du dich gemütlich hin und legst dir ein Buch auf den Bauch und beobachtest, wie das Buch sich lustig auf und ab bewegt.

Chiara und die Launen

Es gibt Ereignisse wie Kündigung im Job, Trennung in der Liebesbeziehung, Tod von nahen Menschen, Unfälle und Krankheiten, wo Außenstehende teils überrascht sind, wenn Menschen gut mit solchen Herausforderungen zurecht kommen.

Manchmal sind es auf der anderen Seite scheinbare Kleinigkeiten, die Auslöser für eine gefühlte Katastrophe sind.

Ein Wort, eine Geste ... und schon ging es los.

Chiara weiß, wovon wir sprechen. Chiara war Ende 20, als wir sie in einem »Pimp Your Brain! Erste Hilfe für deine High Performance«-*Workshop als Teilnehmerin kennenlernten. Sie war eine selbstbewusste und erfolgreiche Frau, sie leitete eine Filiale einer Fitnessstudiokette in Wien. Privat passte auch alles gut, sie verstand sich prima mit Dejan, ihrem Lebensgefährten, die beiden waren gerade am Familienplanen.*

Da war nur eine »kleine« Sache, die Chiara ihr Leben immer wieder verleidete. Ihre Arbeit war ihr wichtig und sie gab jeden Tag ihr Bestes für die Kunden und Kundinnen, die zum Trainieren in ihr Studio kamen, immer entgegen- und zuvorkommend in ihrer freundlichen, höflichen Art.

Nur wenn eine Kundin oder ein Kunde sie unzufrieden und schlechtgelaunt (in ihrer Wahrnehmung) anfuhr oder gar laut wurde – brach Chiara innerlich völlig zusammen, mit letzter Kraft gelang es ihr (meist) die Fassung nach außen zu waren. Innerlich loderte ein Vulkan. Solche Vorfälle vermiesten ihr nicht nur die Arbeit, ihr Gekränkt- und Beleidigtsein zog sich auch in ihr Privatleben.

Als sie von ihren Freundinnen und auch Kollegen immer öfter angesprochen wurde, hatte Chiara die Nase voll, sie wollte sich nicht mehr länger von anderen auf der Nase herumtanzen lassen.

»Nie wieder kränke oder ärgere ich mich! Ich gebe niemanden die Kontrolle über meine Gefühle!« Das war ihr fester Beschluss.

So gestärkt ging sie wieder mit Freude in die Arbeit, sie wusste ja, jetzt bringt mich wirklich nichts mehr aus der Fassung.

Natürlich war es mit dem Entschluss allein nicht getan. Chiara nahm sich aus unserem Workshop viele Werkzeuge mit, die ihr halfen, diesen Entschluss in die Praxis umzusetzen. Am schnellsten wirkt bei ihr regelmäßig das Verändern der Stimmen.

Chiara hatte erst mit Dejan und ihren Freundinnen geübt, ihre innere Wahrnehmung von Stimmen und Geräuschen zu verändern. Zunächst lernte sie die Stimmen gaaanz tiiief und gaaanz laaangsaaam zu machen, leise noch dazu wie eine Musikdatei, die zu langsam abgespielt wird. Das war schon lustig und fühlte sich sofort anders an. Noch besser klappt es für Chiara, wenn sie die Stimmen der Menschen, die mit ihr sprechen ganz schnell und hoch wie eine Comicfigur sprechen lässt. Dass sich dabei auch ihre inneren Bilder verändern und Chiara sich viel besser anfühlt, brauchen wir nicht zu sagen.

Anfangs war Chiara sehr überrascht, wie anders ihre Gespräche auch mit zu Beginn schlecht gelaunten Kunden und Kundinnen abliefen. Dadurch, dass sie ihre innere Einstellung, ihre Art zu denken geändert hatte sie auch ihr Verhalten nach außen geändert und auch die anderen Menschen spürten das und reagierten darauf.

Jetzt freut sich Chiara manchmal sogar schon auf Menschen, die ihr Gelegenheit geben, ihre neugewonnenen Fähigkeiten auszunutzen.

Ach ja, der Umsatz ihrer Filiale ist in den Monaten nach Chiaras Stimmveränderung um 30 % gestiegen. Und wir waren nicht überrascht, wie schnell Chiara diese Veränderung umgesetzt hat.

Ich schütze mich - Palmieren

Hier sind dein Sehen und deine Augen Ausgangspunkt für deinen Schutz. Palmieren ist das Zaubermittel, das dir nicht nur hilft, deinen aktuellen Gefühlszustand zu verändern, es tut den Augen insgesamt gut und verbessert deine Sicht.

Für diese einfache Übung reibst du zunächst deine Handflächen aneinander, bis du ein angenehm warmes Gefühl auf ihnen spürst. Dann legst du deine Handflächen über deine Augen und zwar so, dass du dich auf deiner Stirn abstützt und deine Augen von oben nach unten mit deinen Händen verschließt. Unten auf deinem Jochbein, deinen Wangen setzt du die Hände nur ganz sanft auf. Die Augenlider hast du dabei geschlossen.

Ja, das ist nicht in jeder Situation eine gute Idee – beim Autofahren etwa ist das völlig fehl am Platz. Sobald du dich in einem Rahmen befindest, in dem du sicher deine Augen für einige Momente schließen kannst, ist Palmieren eine tolle, wohltuende und entspannende Technik.

Achte dabei vor allem auf das, was du siehst. Die Farben, die du mit geschlossenen Augen beim Palmieren wahrnimmst, geben dir eine Rückmeldung, wie entspannt du schon bist.

Bei völlig entspannten Sehnerv siehst du schwarz. Je mehr Farben und Effekte du siehst, desto mehr darfst du loslassen. Richte deine Aufmerksamkeit auf die Veränderungen in deiner visuellen Wahrnehmung, während du dir beginnst vorzustellen, wie du jetzt schon alles schwarz siehst.

Palmieren bietet dir eine heilsame Möglichkeit ein Schwarzsehen im emotionalen Sinn in ein Schwarzsehen im entspannenden Sinn umzuwandeln.

Deinen Augen tust du mit dieser Streicheleinheit super gut – lass dich überraschen, wie sich deine Ausgangsgefühlslage durch diesen Prozess verwandelt hat.

Ja, das Palmieren tut dir auch als kleine Pauseneinlage beim Arbeiten an einem Bildschirm sehr gut.

Ich hole mir Verbündete – Ich habe einen kleinen Talisman

In vielen Situationen verändert sich deine Wahrnehmung durch einen Verbündeten, eine Verbündete, die an deiner Seite steht und dich unterstützt.

Besonders falls Ärger der Anlass für dein Unwohlsein sein sollte, ist dieser Verbündete enorm mächtig.

Es gibt viele Möglichkeiten, wie du dir Verbündete schaffen kannst, die dich immer begleiten.

Die erste Variante ist ein Talisman, ein kleiner Gegenstand, der in jede Hosen- oder Rocktasche passt und den du immer dabei hast.

Das kann ein kleiner Stein sein, ein kleines Stofftier, ein Schlüsselanhänger, ein Alltagsgegenstand, ... deine Fantasie kennt keine Grenzen und alles ist gut.

Wichtig ist, dass du diesen Gegenstand, wir nennen ihn hier deinen magischen Talisman, gerne bei dir hast, dich wohlfühlst, sobald du ihn berührst und ihn immer wieder mit deiner eigenen positiven Energie füllst und aktivierst.

So positiv aufgeladen hast du ihn an deiner Seite – oder in deiner Tasche – und kannst jederzeit auf ihn zugreifen und dir ein Stück der gespeicherten Energie in Situationen abrufen, wo du dir so genau die Kraft, den Impuls gibst, um aus einem sehr unangenehmen, belastenden Gefühl herauszukommen.

Es gibt Momente, wo genau diese kleine Geste, dieser kleine Gegenstand, dein magischer Talisman den großen Unterschied macht.

Dein Anders-als-Bewusstsein als zuverlässiger Verbündeter

Dein Anders-als-Bewusstsein ist eine mächtige Ressource. Dieser Teil von dir, der dir nicht bewusst ist und so viele lebenswichtige Funktionen für dich regelt, wie deinen Atem und deinen Herzschlag, hat eine tolle Fähigkeit. Dein Anders-als-Bewusstsein lernt strukturell. Es lernt bei jeder neuen Technik oder Strategie, die du lernst, nicht nur den Inhalt, sondern auch die Struktur. So bemerkst du, wie du von selbst und natürlich dein neues Wissen, deine neue Fertigkeiten anwendest – in Situationen und Umständen, wo du bewusst nicht daran gedacht hättest.

Für dein Anders-als-Bewusstsein und somit dich ist es selbstverständlich alle Erste-Hilfe-Techniken auch zu nutzen, um dich auf wichtige positive Ereignisse vorzubereiten und deine Performance in Bereichen weiter zu optimieren, wo du schon gut oder exzellent bist.

Alles, was Federn hat, fliegt!

Ich, Chris, habe eine Vorliebe für Federn! Für Federn, die Vögel irgendwann einmal abgestreift haben.

Mir fallen beim Spazierengehen laufend welche auf!

Sobald ich eine sehe, bücke ich mich, um sie aufzuheben und schaue sie mir gleich genau an. Ich fasse sie ganz behutsam an dem Ende ihres Kiels an und drehe sie zunächst zwischen meinen Finger. So betrachte ich sie von allen Seiten und bewundere, wie sie aufgebaut, wie ihre Zeichnung verteilt ist, wie Vorder- und Rückseite sich unterscheiden, wie federnd sie sich zwischen meinen Fingern anfühlt, wie kräftig und asymmetrisch sie ist, was mir einen Hinweis gibt, an welcher Seite seines Körpers der Vogel sie getragen hat.

Manche Federn erkenne ich gleich und weiß, wem sie gehört haben. Bei einigen darf ich zuhause nachschauen, wer ihre Besitzerin war.

Ja, denn fast immer nehme ich die Feder mit nach Hause!

In meiner Welt hat der Vogel seine Feder abgegeben, um anderen Wesen eine Freude zu machen und ich bin dem Vogel dankbar, dass er mich stets daran erinnert, dass ich mit ihm diesen wunderbaren Planet Erde teilen darf.

Im Laufe meiner Reisen und Wanderungen habe ich eine kleine Sammlung angelegt und verteile meine Federn gerne an für mich wichtigen strategischen Plätzen! So habe ich immer eine Feder bei meinen Musikinstrumenten liegen.

Und an meinem Arbeitsplatz!

Genauer gesagt auf meinem Laptop oberhalb der Tastatur.

Da habe ich zur Zeit 3 verschiedene Federn liegen.

Eine ist ein Geschenk von Tom aus dem Hyde Park in London und hat ganz sicher einer Graugans gehört. Die andere sieht auf erstem Blick ganz schwarz aus und sobald ich sie im Licht drehe, sehe ich ihr dunkles edles Violett glänzen! Sie hat einmal eine liebe intelligente Krähenfreundin geschmückt. Die dritte ist viel kleiner und von elegantem Grau. Ich weiß nicht, wem sie gehört hat und sie passt hervorragend zu den 2 größeren!

Jedes Mal, sobald ich meinen Laptop aufmache und mich zum Arbeiten hinsetze, fällt mein Blick als Erstes auf die schönen Begleiterinnen meiner Vogelfreundinnen. Und wenn ich in meiner Arbeit innehalte, um über etwas nachzudenken, fallen sie mir wieder auf. Ich nehme sie in die Hand, streichle über ihre sanfte Textur, ich nähere sie meinem Gesicht und streiche mit ihnen über meine Nase oder Wange. Ich erfreue mich an der Sanftheit der Berührung und wundere mich immer aufs Neue über den Einfallsreichtum der Natur.

Ich lasse meine Gedanken fliegen und frage mich, wo der Vogel sie getragen hat, welche Funktion sie hatte. Ich stelle mir vor, wie hilfreich sie ihm war, wie gut sie ihm gepasst, wie er sie mit Sorgfalt geputzt und losgelassen hat. Ich höre die Rufe der Vogelfreundinnen und -freunde draußen und mein Herz füllt sich mit Dankbarkeit.

Und gerade zwitschern mir die Spatzen laut und auffordernd zu. Eine ganze Truppe hat sich im Lorbeerbaum in Position gebracht haben, um sobald ich ihnen Brotbröseln am Balkon aufgetischt habe, frühstücken zu kommen. Ist dir schon aufgefallen, dass es immer einen oder eine gibt, die als Vorhut die Lage auskundschaftet und dann mit kräftigem Tschilpen die Kollegen und Kolleginnen holt? Ich koste mit ihnen diese einzigartigen Momente aus, ich rieche die Frische der Luft und spüre den Wind in meinen Federn.

Für einen gefühlt langen Moment fliege ich mit!

Dann lege ich die Federn ab und spüre das kräftige Kitzeln des Glücks in meiner Magengegend und meinem Brustkorb aufsteigen. Ich nehme einen tiefen Atemzug der Befriedigung, widme mich leicht und beschwingt wieder der Arbeit und grinse selig!

Ich schiebe die Wolken weg

Das ist eine schöne aus dem Tai Chi entwickelte Übung, in der du mit körperlichen Bewegungen gedanklich Wolken verschiebst.

Du stellst dich dazu schulterbreit hin, gehst leicht in die Knie, kippst dein Becken leicht vor, streckst dein Brustbein sanft vor, ziehst deine Ellbogen zart nach unten, hebst dein Kinn leicht an und blickst entspannt nach oben.

Deine Arme baumeln dabei entspannt an deiner Seite und du nimmst zwei tiefe Atemzüge, wobei du das vollständige Ausatmen betonst.

Jetzt hebst du deine Hände bis in Gesichtshöhe, deine Handflächen schauen dabei nach vorne, die Fingerspitzen weisen nach oben.

Nun stellst du dir Wolken vor, die dich umgeben und beginnst sie mit beiden Händen wegzuschieben. Dazu führst du beide Hände parallel in einer liegenden Acht vor dir. Am rechten und linken Rand deiner Bewegung gibst du den Wolken jeweils einen kurzen entschlossenen gedanklichen Impuls und lässt sie weggleiten – deine Bewegung bleibt immer fließend und leicht.

Führe diese Bewegung ein bis zwei Minuten lang aus, dann wechselst du die Richtung und wiederholst sie.

Diese Technik eignet sich z. B. hervorragend in Momenten, wo sich Sorgen oder andere hinderliche Gedanken langsam aufgebaut hatten und dir möglicherweise die freie Sicht nahmen.

Eine mögliche Erweiterung und Vertiefung des Wolkenschiebens erfährst du, indem du beginnst deine beiden Händen unabhängig voneinander zu bewegen, vielleicht magst auch die Wirkung testen, die eintritt, sobald du deine Hände in gegenläufige Richtung bewegst und nacheinander versetzt starten lässt. Die rechte Hand bewegt sich in einer Achterschleife im Kreis nach rechts, die linke in einer Achterschleifeim Kreis nach links. Du schaust immer abwechselnd deinen Händen nach.

Wie hat sich dein Gefühl verändert, in welchem Körperteil spürst die Änderung am deutlichsten?

Alpha-Theta-Atmung

Dich aufregen und dir Sorgen machen sind schlechte Begleiter, wenn du eine für dich wichtige Entscheidung treffen willst.

Und doch machen ganz viele Menschen genau das!

Es wird ihnen zum Beispiel in der Arbeitswelt und auch im privatem Bereich etwas angeboten. Sie dürfen sich aus verschiedenen Alternativen etwas aussuchen.

Bei vielen Menschen geht das Gehirn gleich in Richtung: Was sind die Konsequenzen der Entscheidung, wenn er oder sie sich für die eine Sache entscheidet und welche Folgen zieht die Entscheidung auf der anderen Seite nach sich!. Was passiert, wenn ich das nicht mehr habe, aber dafür das ....

Vielfach setzte diese Art von Gedanken eine Stressreaktion in Gang, die sich verschärft anfühlen kann, wenn noch eine Zeitkomponente hinzukommt: »Sie haben 24 Stunden sich zu entscheiden, Frau und Herr Müller!« In solchen Momenten bist du höchstwahrscheinlich mit deiner Gehirntätigkeit im Beta-Wellen-Bereich, in dem du analytisch, fokussiert denkst, Informationen verarbeitest und falls du sehr angespannt nachdenkst, schleichen sich vielleicht auch Sorgen mit ein.

Du weißt, dass es auch einen ganz anderen Weg gibt, der dir schon oft geholfen hat – vielleicht sogar ohne, dass es dir bewusst war – wichtige Entscheidungen in deinem Leben zu treffen!

Wichtige, richtige Entscheidungen sind oft von einem Aha-Effekt begleitet! Von einem Überraschungseffekt, der dir Freude ins Gesicht zaubert, der dich in Hochstimmung bringt! Um diesen entspannten, kreativen Zustand zu erreichen, zeigen wir dir diese leichte Atemübung, bei der du deine Hirnwellen natürlich in den Alpha und Theta Bereich bringst. In die Bereiche, in denen du intuitiv und kreativ denkst.

Mach es dir gemütlich und setze oder lege dich hin.

Nimm einen tiefen Atemzug durch die Nase, halte den Atem kurz an, während du innerlich langsam bis 3 zählst und atme dann vollständig durch den Mund wieder aus und zähle dabei bis 6 oder 8 oder mehr. Dann nimmst du gleich noch einen weiteren Atemzug, halte wieder den Atem bis 3 an und atme durch den Mund langsam und stetig vollständig aus.

Das machst du eine Weile und beobachtest, wie sich deine Atmung mit jedem Atemzug, den du machst, unbewusst und natürlich verlangsamt.

Sobald du dich in diesem Rhythmus wohlfühlst, kannst du in einer weiteren Atemsitzung anfangen, die Pause länger zu halten, bis 4, 5, 6, 7, 8. Auch beim Einatmen fängst du an zu zählen und beim Ausatmen lässt du die Luft vollständig aus, du zählst viel länger als beim Einatmen und beim Halten.

Finde deinen eigenen Rhythmus:

Ein 4-er Rhythmus: 4 Einatmen, 4 halten, 8 ausatmen.

Bald geht vielleicht ein 5-er Rhythmus!

Nimm dir Zeit das Angenehme auszuprobieren, so findest du deinen Rhythmus!

Mit der Verlangsamung der Atmung, die du zunächst bewusst einsetzt, geht dein Geist ganz natürlich in einen Ruhemodus! Der denkt sich jetzt: »Herrlich! Ich gehe einmal kurz auf Vagabundenschaft und schaue, was sich sonst noch alles so tun lässt in diesem Bewusstseinszustand!«

Denn du bist damit im Alpha und Theta-Wellen-Bereich gekommen, in dem du die besten Ideen produzierst, kreativ bist und in den Flow kommst!

Das ist genau der Zustand, den du als High Performerin, als High Perfomer haben willst, um leicht und schnell zu Lösungen zu kommen! Weil du weißt, wie du schnell von einem fokussierten zu einem kreativem Zustand hin- und zurückkommst, bist du eine High Performerin, ein High Perfomer!

So hast du Zugriff auf alle deine Fähigkeiten und Ressourcen!

Ich baue mir meine Schutzkugel

Das ist eine einfache mentale Übung, bei der du deine Vorstellungskraft nutzt, um dir selbst zu helfen.

Du baust dir eine Schutzkugel, die du jederzeit, an jedem Ort und in jeder Situation anwenden kannst. Sie hilft dir bei dir zu sein und bleiben, du achtest auf dich und bleibst an dem dran, was dir gut tut.

Deine Schutzkugel schützt dich vor Außeneinflüssen, Ablenkungen und allem, was dich früher von deinem Weg abbringen hätte können.

Du beginnst damit, dass du dir eine Schutzkugel in deiner Lieblingsfarbe vorstellst, die dich umhüllt und dafür sorgt, dass du immer genug Platz um und für dich hast.

Du bestimmst, wie dick die schützende Hülle ist, mit der du dich umgibst und welche Struktur ihre Oberfläche hat.

Vielleicht gefällt dir die Idee, dass du deine Schutzkugel mit jedem Ausatmen ein wenig größer machen kannst? Das funktioniert so ähnlich wie ein Druckausgleich. (Wenn du dir die Nase zuhältst, reinbläst und in deinen Ohren was geschieht.) Und bei Gelegenheiten, wo der Druck von außen oder innen zunimmt – da geht das ganz von selbst ...

Du bemerkst, wie du mit deiner Kugel auch Geräusche filterst. Was dir hilft, das hörst du klar und deutlich, was dich hinderte oder einschränkte, wird ganz leise, du nimmst es nicht mehr wahr.

So gibst du dir Raum und Zeit, um dich fit und auf gesunde Art zu entwickeln.

... und, sobald du es willst, machst du diese Kugel so groß, dass auch andere Menschen dich da drinnen in deiner Schutzkugel besuchen können. Ja, du bemerkst sogar, wie du – in den richtigen Momenten auch andere bewusst einschließen kannst, mit der Ruhe und Gelassenheit, die du ausstrahlst, sobald du deine Schutzkugel aktivierst.

Indem du deine farbige Schutzkugel in Kraft setzt, bist du immer bei dir, in dir und bleibst so unaufhaltsam dran.

Auch diese Übung darfst du üben. Experimentiere mit deiner Kugel herum und finde auch heraus, welche Form sie hat. Ist sie wirklich eine Kugel oder eher oval? Ist sie deinen Körperformen angepasst?

Sobald du deine Schutzkugel erschaffen hast, ist der Moment gekommen sie zu testen. Du aktivierst sie etwa schon vor einer Situation, die früher für dich mit Stress verbunden war oder bevor du deine Top-Performance abrufen willst..

Wir brauchen dir nicht zu sagen, dass du deine Schutzkugel auch mit bestimmten Eigenschaften füllen kannst – Konzentration, Geduld, Entspannung, Humor, Zuversicht, Vertrauen ...

Ludmilla und ihr Sport

Ludmilla ist 32 und begeisterte Triathletin. Wenn sie nicht in der Marketingabteilung eines internationalen Konzerns arbeitet, dann lebt sie für ihren Sport.

Und Ludmilla ist richtig gut. Auf jeden Fall im Training. Sie läuft schnell, sie ist stark am Rad und schwimmt wie ein Fisch. Kraft, Ausdauer und Technik stimmen und die Trainingsleistungen lassen sie stets auf einen guten Wettkampf hoffen.

Sobald der allerdings begann, klappte nichts mehr. Meist entschied er sich schon auf der Schwimmstrecke – oder, wie Ludmilla dann in einer mentalen Trainingssession mit Chris herausfand, vor der Schwimmstrecke.

Wir wissen nicht, ob du schon einmal bei einem Triathlon mitgemacht oder einen Wettkampf aus der Nähe gesehen hast ...

Gerade das Schwimmen ist oft Anlass für recht heftige und intensive Begegnungen und viel Körperkontakt. Ganz viele Menschen auf engen Raum im Wasser, die wild um sich schlagen, um möglichst schnell vorwärts zu kommen.

Und Ludmilla war eine von denen, die regelmäßig »absoff«. Sie schluckte soviel Wasser und bekam so schreckliche beklemmende Gefühle, dass sie den Wettkampf entweder gleich abbrach oder mit hoffnungslosem Rückstand zum ersten Wechsel kam.

Und sie wusste es immer schon vorher. »Das wird wieder furchtbar.«, sagte sie. »Ich will gar nicht daran denken.«, fügte sie hinzu und dachte dabei ständig daran und sah die Bilder von sich im Wasser schluckend und um ihr Leben kämpfend ganz groß und in Farbe.

Und dabei hatte sie es so richtig gründlich satt. Die vielen Stunden Training und die großen Hoffnungen ... sollten alles umsonst sein, nur wegen diesem Haifischbecken zu Beginn?

Und Ludmilla begann verschiedene Methoden zu testen. Die Zettel, die sie überall in der Wohnung anbrachte, die ihr sagten: »Ich bin ein Fisch und komme im Wasser super zurecht.«, »Das Schwimmen ist nur das Vorspiel, so richtig geht es erst danach los.«, »Im Wasser passiert mir nichts.« ..., alleine halfen nicht wirklich. Ludmilla testete vieles.

Der Durchbruch kam, weil sie drei Techniken kombinierte, die für sie optimal passten.

Als erstes schuf sich Ludmilla im Training mit Chris ihre persönliche Schutzkugel. Eine mentale Schutzschicht, die sie um sich legte, die ihr im Wasser beste Dienste leistete. Niemand kam an sie heran und in ihrer Kugel hatte sie auch immer Luft, um ruhig zu atmen. So konnte Ludmilla sich endlich wieder auf ihr eigenes Schwimmen konzentrieren und ihr ganzes Potential abrufen.

Das ergänzte sie damit, dass sie ihre inneren Bilder veränderte – die anderen Schwimmerinnen wurden in schwarz-weiß immer kleiner, entfernter und sie selbst immer größer und sie sah sich immer in der Spitzengruppe aus dem Wasser steigen.

Und als dritte Technik drehte sie die Außengeräusche der Teilnehmerinnen, die unangenehm laut in ihren Ohren schrillten, leiser. Sie umhüllte ihre Schutzkugel mit Watte und hatte auf einmal eine innere Stille, die sie mit ihren eigenen Lauten füllte: ihr regelmäßiges Atmen, das Gurgeln des Wassers um ihren Körper herum, ihre Botschaften voller Zuversicht in ihr Können: »Ich bin sicher, ruhig und voll bei mir«

Die ersten beiden Wettkämpfe nach dieser Umstellung liefen schon wesentlich besser – sie kam heil aus dem Wasser und lief dann als 20. und 12. in ihrer Kategorie über die Ziellinie.

Ludmilla übte diese 3 Methoden in ihrem Training konsequent und sie spürte ihre Sicherheit wachsen. Sie begann wirklich an sich zu glauben und steigerte ihre Trainingsleistungen, weil sie jetzt wie losgelassen und bis in die Haarspitzen motiviert war.

Der Lohn? Ludmilla hat totalen Spaß an ihrem Sport, besonders an den Wettkämpfen und sie hat ihren ersten Podestplatz erreicht.

Ich bin ein mächtiger Gorilla

Hast du Lust dich manchmal wie ein mächtiger Gorilla zu fühlen?

Mit dieser sehr wirkungsvollen Körperübung machst du das folgendermaßen:

Du richtest dich auf, drückst dein Brustbein leicht heraus, ziehst deine Schultern leicht nach unten und zurück und klopfst dir mit beiden Handflächen abwechselnd unterhalb der Schlüsselbeine auf die Brust. Du kannst das auch mit deinen Fingerspitzen tun oder deine Fäuste verwenden und mit den Fingerknöcheln klopfen. Teste, was sich für dich am besten anfühlt und dir am meisten Spaß macht.

Ach ja, das Lächeln, das dabei dein Gesicht erhellt, ist eine der positiven Nebenwirkungen. Das Einatmen fühlt sich richtig gut an! Du bemerkst überhaupt erst, dass du richtig voll in deine Seiten einatmen kannst, sobald du dein Brustbein deinem Klopfen entgegenstreckst!

Das mag an manchen Orten auffallen ... Du entscheidest selbst, wann und wo du dein Gorillaklopfen auspackst und einsetzt. Den Kindern gefällt das immer! Die lachen und machen gleich mit dir mit!

Das Gorillaklopfen bietet sich vor allem in Momenten an, wo du dich vielleicht niedergeschlagen, traurig, hilflos, allein, ... gefühlt hattest - oder als Vorbereitung für bestimmte Situationen, in denen du dir einen extra Boost wünschst.

Der Stateshift, die Veränderung deines Gefühlszustands ist hier unmittelbar und sehr direkt. - Das Gorillaklopfen ist Teil der Klopf-dich-frei-Technik.

Atemübung – Ich atme und zähle bis 10

Atemübungen sind universell einsetzbar. Gerade diese konzentrationsfördernde Übung verwenden auch viele Menschen im Alltag, um sich zwischendurch zu entspannen. Manche nennen diesen Prozess Meditieren.

Du atmest langsam durch die Nase ein und durch den Mund wieder vollständig aus und zwar zehn Mal – du legst dabei die Betonung auf das Ausatmen. Diese Atemübung hilft dir dich sehr schnell zu beruhigen, gerade in Augenblicken, wo du aufgeregt warst oder mit Schreck, unangenehmer Überraschung oder ähnlichen Gefühlen auf Ereignisse oder Aktionen reagiert hast. Falls es dir einmal den Atem verschlagen haben sollte.

Du verstärkst die beruhigende Wirkung dieser Technik, indem du beim Einatmen deine Augen schließt und sie beim Ausatmen wieder öffnest.

Probiere einmal, wie gut es dir tut, dein Ausatmen mit einem leichten Geräusch, einem Summen zu begleiten.

Diese Übung eignet sich auch, um dich kurz zu sammeln, bevor du eine für dich wichtige Aktivität beginnst.

Ich bewege mich

Die heilsame Wirkung eines einfachen Ortswechsels kennst du schon, jetzt geht es darum, dass du dich länger bewegst.

Etwas Unangenehmes passiert. Eine Meinungsverschiedenheit, ein Streit, eine Nachricht, die sich schlimm anfühlt, zum Beispiel, und in der Folge fühlst du dich vielleicht mies, richtig schlecht. Möglicherweise hast du auch eine der kurzen Techniken schon angewandt und hast dich aus dem ersten Überfall negativer Emotionen befreit – und dennoch ist das schlechte Gefühl nicht weg, es bestimmt dein Denken weiter. Möglicherweise suchst du auch schon lange nach Antworten und Lösungen und hast den Eindruck anzustehen. In solchen Situationen ist Bewegen vielleicht genau das Richtige für dich.

Je nach den aktuellen Bedingungen und deinen persönlichen Vorlieben wählst du, was für dich optimal ist.

Eine Runde um den Block, ein Spaziergang, ein Workout zu Hause oder im Fitnessstudio, oder ... Toms persönlicher Favorit ist ein Lauf, Chris persönliche Vorliebe ist Schwimmen.

Nimm immer deinen unmittelbaren Zustand als Entscheidungsgrundlage und beachte auch die äußeren Faktoren wie Verkehr, Wetter, örtliche und zeitliche Begebenheiten.

So löst du manchen Knoten wie von selbst und du kommst leicht über Hürden, die zuvor vielleicht unüberwindlich schienen.

Nicht nur wechselst du so sehr konsequent deinen Bezugsrahmen, du bewegst deinen Körper und das führt unmittelbar und ganz direkt zu Veränderungen in deinen Denkprozessen und in der Folge deinen Gefühlen. Indem du dich bewegst, änderst du den Mix aus Hormonen und Neurotransmittern, die dein Gehirn und deine anderen Organe freisetzen und fühlst dich unmittelbar und natürlich anders an als eben noch.

Ein schmerzhafter Tag

Ich, Tom, erinnere mich noch gut an diesen Tag. Es war ein sonniger Donnerstag Morgen im Jänner. Ich war der Erste im Büro der Kletterhalle und startete in meinen Arbeitstag. Der Geschäftsführer war auf Dienstreise und ich hatte gerade begonnen, das Treffen mit den Kursleitern und Kursleiterinnen am Nachmittag vorzubereiten. Wie ich mich da genau anfühlte, weiß ich nicht, ich habe daran keine Erinnerung.

Um so deutlicher erinnere ich mich daran, was ich wenige Augenblicke später spürte.

Es klopfte und eine der Klettertrainerinnen spähte vorsichtig in den Raum. »Stör ich?«, fragte sie unsicher.

»Komm rein, Monika! Guten Morgen.« Zu diesem Moment war der Morgen auch noch gut. »Was gibt's?«

»Hast du schon von Jörg gehört?« - »Um diese Zeit?«, lachte ich und wunderte mich gleichzeitig, warum Monika so seltsam dreinschaute.

»Jörg ist tot. Eine Lawine.«, sagte sie leise.

Meine erste Reaktion war Unglauben. »Bist dir sicher? Woher weißt du das? Das kann nicht sein!!!«

»Du kannst gerne nachfragen.«, sagte die Kursleiterin. Und das tat ich auch.

Ich rief einen von Jörgs Kletterpartnern an und in dem Moment, in dem ich auflegte, nachdem er mir mit tränenerstickter Stimme die unfassbare Nachricht bestätigte, war der Moment, wo die Woge des Schmerzes mich erfasste.

Es tat richtig körperlich weh und ich schüttelte mich in einem Weinkrampf. Die Bilder in meinem Kopf wa-

ren Horrorszenarien und ich fühlte mich völlig verzweifelt. Das Büro war auf einmal irrsinnig eng geworden und gleichzeitig nahm ich es wie durch einen Schleier war.

Ich wusste nicht ein und aus und folgte nur einem inneren Impuls, der plötzlich da war. »Du musst hier raus!«, rief ich mir innerlich zu und das tat ich auch.

Ich ließ alles liegen und stehen und stürmte unter Tränen hinaus in Freie. Dort begann ich einfach eine Runde um den Block zu drehen.

Erst zögerlich, dann immer flotter werdend.

Ich nahm als Erstes die frische, kalte Luft in meinem Gesicht wahr, dann spürte ich das Spiel meiner Muskeln beim Gehen.

Ich richtete meine Aufmerksamkeit auch auf den Verkehr – Autos und andere Fußgänger ...

Indem ich die Außenwelt wieder mehr wahrnahm, fokussierte ich mich langsam auf meinen Atem.

Ich atmete langsamer, tiefer und ganz regelmäßig. Was mir auch half, war, dass ich laufend kleine Entscheidungen zu treffen hatte, wie: Biege ich ab? Wechsle ich die Seite?

Ich fühlte mich zunächst einfach anders an. Immer noch mies und ich hatte begonnen – fast unbewusst – das Steuer über mein Innenleben wieder zu übernehmen.

Die Bewegung schenkte mir ein verändertes Körpergefühl, der immense Druck hatte sich zu einzelnen Stichen gewandelt.

In meiner Trauer und Verzweiflung hatte sich jetzt auch Ärger gemischt. Ärger auf Jörg, der viel zu früh gegangen war. Ärger auf den Berg, der mir den Freund genommen hatte.

Nach der zweiten Runde nahm ich ein paar tiefe Atemzüge und kehrte an meinen Arbeitsplatz zurück. Es gab viel zu tun und jetzt war ich auch wieder bereit es anzugehen.

Reframing – ich wechsle meinen Bezugsrahmen mental

In der »Ich bewege mich« Übung hast du schon deinen Bezugsrahmen gewechselt und zwar körperlich und örtlich.

Hier lernst du deinen Bezugsrahmen verbal und mental zu ändern. Was ist ein Bezugsrahmen eigentlich, könntest du dich fragen.

Ein Bezugsrahmen ist der Zusammenhang, in dem du ein Ereignis, eine Handlung und dich selbst siehst. Es geht dabei um deine Wahrnehmung. Etwas geschieht im Außen und du machst dir ein Bild davon in dir – in und mit deinen Gedanken, du stellst das Geschehen sprichwörtlich in einen bestimmten Rahmen.

Beim Reframing lässt du den Inhalt, das, was geschehen ist, gleich und beachtest es nicht, du änderst nur den Rahmen, in dem du das Ereignis, das Erlebnis eingeordnet hattest.

Ein konkretes Beispiel?

Nehmen wir Markus. Markus ist 53 und hat gerade von seiner Chefin erfahren, dass er mit Quartalsende gekündigt ist.

Markus reagierte darauf zunächst mit einer Mischung von Ohnmacht, Wut und Verzweiflung. Das ist doch unvermeidlich?

Nein, denn schon beim Weggehen von dem Gespräch fällt Markus ein, was sein Freund Bernhard letztens zu ihm gesagt hat: »Dein Job tut dir nicht gut, du bis völlig unterfordert, such dir doch was Neues!«

»Jetzt hab ich die Gelegenheit!«, sagt Markus erst innerlich und dann laut.

»Oh! Das fühlt sich sogar gut an!«, bemerkt Markus verschämt. »Ja, darf ich das überhaupt?« Ja, du darfst!

Und er beginnt zu überlegen, welche Möglichkeiten ihm jetzt offen stehen. »Will ich noch einmal angestellt arbeiten oder mach ich mein eigenes Ding?«

Sein Gefühl, das hat sich total verändert. Als Erstes hatte er sich über Peter geärgert, statt über die Chefin. »Du hast es verschrien!!!« Danach erkannte er seine neuen Optionen, die er »freiwillig« nicht gesehen hatte.

Der Inhalt der Aktion=die Kündigung ist gleich geblieben, Markus hat »nur« den Bezugsrahmen geändert und somit sein Gefühl.

Hier kann es vorkommen, dass ein sehr negatives Gefühl unmittelbar in ein positives umschlägt. Manchmal ist es so, dass es zuerst gelingt, den Charakter des schlechten Gefühls ein wenig zu verändern und so die Tür aufgeht für eine tiefgehende Besserung – Schritt für Schritt. Und manchmal bemerkst du, dass mehrere Türen gleichzeitig aufgehen! Was für eine Erleichterung, eine Freude, am Anfang vielleicht noch heimlich, uneingestanden und du drückst sie klar in einem offenen Lachen aus!

So schaffst du dir Luft zum Atmen und gewinnst!

Die liegende Acht - Ich bewege meine Augen

Diese Augenübung stammt aus der Kinesiologie. Du kannst sie im Liegen, Sitzen oder Stehen machen. Wichtig ist, dass du deinen Kopf dabei in eine angenehme Position bringst, die Schultern lockerst und leicht nach hinten rollst und die folgenden Bewegungen nur mit deinen Augen machst, dein Kopf bleibt dabei ganz ruhig.

Du beginnst damit, dass du eine Hand vor dir ausstreckst, eine lockere Faust machst und den Daumen dabei frei nach oben stehen lässt. Thumbs up! Dann zeichnest du mit deinem Daumen in der Luft eine liegende Acht und folgst dabei mit beiden Augen deinem Daumen.

Du zeichnest die liegende Acht dreimal, wechselst die Richtung und zeichnest noch drei Achten. Du folgst dabei deinem Daumen die ganze Zeit.

Im Anschluss schließt du deine Augen, nimmst drei tiefe Atemzüge und atmest jeweils vollständig wieder aus.

Jetzt streckst du beide Hände vor dir aus, ballst sie locker zu Fäusten, streckst beide Daumen nach oben und legst sie aneinander. Du zeichnest mit beiden Daumen gemeinsam dreimal die liegende Acht in einer Richtung und danach dreimal in die andere. Du folgst mit beiden Augen deinen Daumen.

Als Abschluss schließt du wieder die Augen, nimmst drei tiefe Atemzüge und atmest jeweils vollständig wieder aus.

Achte jetzt darauf, welche Veränderung du in deinem Gefühl wahrnimmst.

Du veränderst auch mit dieser Übung deine Gefühle, ein Gefühl der Gelöstheit hat sich in dir ausgebreitet und du trainierst gleichzeitig das Zusammenspiel deiner beiden Gehirnhälften, das so hilfreich ist, um dein ganzes Potential auszuleben.

Nathans Ärger

Wir sind immer wieder davon fasziniert, wie unterschiedlich sich verschiedene Menschen in der gleichen Situation verhalten, wie verschieden sich die gleichen Menschen in unterschiedlichen Situationen verhalten und auch wie verschieden sich die gleichen Menschen in gleichen Situationen verhalten.

Darin liegt das Gesetz, dass es mehr Möglichkeiten gibt, als es manchmal den Anschein gehabt haben mag.

Nathan sah das anders. Für ihn war klar: In manchen Situationen gibt es nur ein mögliches Verhalten: Ärger!

Und der tägliche Stau um 18 h bei der Rückfahrt von der Arbeit war so eine Situation.

Nein, es machte ihm überhaupt keinen Spaß sich zu ärgern, besonders schlimm war es bei den Gelegenheiten, wo er nicht alleine unterwegs war, sondern einen Beifahrer, eine Beifahrerin hatte. Die anderen verstanden seine Wutausbrüche hinterm Lenkrad nicht! Manche fürchteten sich sogar vor ihm!

Es gab Freunde und Kolleginnen, die schon gar nicht mehr mit ihm ins Auto stiegen.

Das gab Nathan zu denken. Was ihm auch auffiel, war, dass egal wie erfolgreich sein Arbeitstag verlaufen war, der Wutanfall im Stau vergällte ihm den Tag und er kam mies gelaunt und unzufrieden zu Hause an. Die Abende verliefen danach dementsprechend ...

Was Nathan an seinem Ärger so ärgerte, war: Er hatte den Eindruck, dass nicht er seinen Emotionen bestimmte. Das waren andere, die da in seinem Inneren die Fäden zogen und diese intensiven Wutgefühle auslösten.

Oder etwa nicht?

Dieser Gedanke verließ ihn nicht mehr und Nathan begann nach Möglichkeiten zu suchen, um mehr Möglichkeiten zu haben.

Die erste Maßnahme, die er traf, war die rote Clownnase im Handschuhfach. Das hatte er sich von einem Kabarettisten abgeschaut. Sobald der Stau begann, setzte er die rote Clownnase auf und ... es dauerte etwas länger, bis er sich ärgerte und dann ... ärgerte er sich mit roter Clownnase.

»Na, super!«, dachte er (schon wieder leicht verärgert).

Er versuchte weiter alles Mögliche, um seinen Anfällen, wie er sie nannte, Herr zu werden: gutes Zureden, sich vornehmen, es nie wieder zu tun, sich fragen: »Warum, warum bloß?« ... Nichts nutzte.

In diesem Zustand fand Nathan zu einem unserer Online-Trainings und da bemerkte er es: »Sobald ich mir die Geschichte von außen anschaue, fühlt sich das Ganze nicht so intensiv und unvermeidbar an. ...«

Nathan begann sich selbst aus der Vogelperspektive zu betrachten, er schaute sich sozusagen über die Schulter, wie er da in seiner Blechbüchse saß, die Hände ums Lenkrad verkrampft, fluchend und drohend, sehr eindrucksvoll mit seiner roten Clownnase ... und je weiter er seinen Blickwinkel veränderte, desto stärker veränderte er sein Gefühl.

»Das ist es!«, rief Nathan laut. »Von hier aus sieht das nur lustig aus«.

Je höher er steigt und sich die verstopfte Straße von oben anschaut, desto mehr bemerkt er unten interessante Einzelheiten in der Buntheit des Staus, auf die er vorher in seinem Ärger nie Acht gegeben hatte! Da scheint seine Nachbarin in der Schlange mit sich selbst zu sprechen, nein, sie führt ein Telefongespräch über die Freisprech-

anlage und Nathan hat den Eindruck, dass er über die Gestik und Mimik der Dame den Dialog verfolgen kann.

»Das ist ja spannend! Das ist mir bisher noch nie aufgefallen«. »Genauso wenig wie das neue Geschäft! Das merke ich mir, da komme ich später noch einmal her!« Nathan ist auf einmal nicht mehr gehetzt! Er nimmt sich jetzt die Zeit, die er im Auto verbringt, für sich und sieht sich draußen in der Außenwelt wie drinnen in seiner Innenwelt um. Er ist neugierig geworden. Er überlegt, worauf er Lust hat, was er machen will an dem Abend und er plant seine Wanderung für das bevorstehende Wochenende. So hat er viele kreative Ideen für sein Business im Stau der Autobahn entwickelt.

»Unglaublich, wie ich mich aufgeführt habe, das brauche ich nicht mehr.«

Es hat geklappt, Nathan hat es geschafft. Jetzt ist er ein freier und selbstverantwortlicher Mann. Er weiß, dass er sich jenes Gefühl aus den vielen, zu denen er fähig ist, aussuchen kann, das für ihn die adäquateste Reaktion auf ein Ereignis darstellt. Damit bestimmt er, welches Verhalten er ausleben will, und erzielt die Ergebnisse, die er sich wünscht.

Jetzt ärgert sich Nathan immer noch manchmal beim Autofahren oder -stehen, das sind kurze Momente, weil er sich schnell und mittlerweile auch unmittelbar und natürlich das Geschehen aus der Ferne betrachtet und sich amüsiert – über die Absurdität der Situation und sein eigenes Verhalten in der Vergangenheit.

Wir könnten jetzt ergänzen, dass Nathan viel schlanker geworden ist, seit er sich von seiner Wut befreit hat und dass er die Abende mit seinen Freunden und Freundinnen viel mehr genießt.

Auch das hat er sich nämlich mit seiner Entscheidung geschenkt.

Mittendrin oder in sicherer Entfernung – ich bestimme, wo ich stehe

Ereignisse und Erlebnisse, die Menschen stark bewegen und tiefe Emotionen auslösen, haben eines gemeinsam: Die Menschen sind in ihrer Wahrnehmung mittendrin im Geschehen. Mittendrin bedeutet hier vor allem, sie sehen aus ihren Augen, sie hören durch ihre Ohren und spüren alle Eindrücke ganz unmittelbar. Und zwar nicht nur, während es gerade geschieht, sondern auch, wenn sie sich daran erinnern. Du kennst das sicher.

Wenn Menschen ein Geschehen, bei dem sie selbst dabei waren, eher emotionslos und gelassen erleben oder erinnern, dann haben sie meist eine ganz anders geartete Wahrnehmung. Sie sehen sich selbst von außen, aus mehr oder weniger großer Entfernung, als eine der handelnden Personen – wie in einem Film oder gar im Kino.

Viele Menschen machen das völlig unbewusst, ohne nachzudenken.

Was du jetzt lernst, ist: Du machst dir diesen Effekt zunutze, um deine Gefühle zu verändern, indem du bewusst die Perspektive wechselst.

Wir könnten jetzt sagen: »Leben macht viel Spaß, sobald du bei den schönen Dingen mittendrin bist und bei den unschönen in sicherer Entfernung.« Und das ist eine philosophische Frage, um die es hier jetzt gar nicht geht. Du lernst einfach die Perspektive zu wechseln und dann bestimmst du, ob und wann du diese Fähigkeit anwendest.

»Und wie mache ich das?« Du testest und übst. Wir selbst trainieren ja gerade diese Technik sehr gerne mit einer schönen Situation, wo wir uns ohnehin schon wohl fühlen und dann schauen wir, wie wir das noch intensivieren können.

Wichtig ist, dass du als Erstes ein Gefühl für die Sache bekommst und lernst zu erkennen, wie unterschiedlich sich mittendrin und in sicherer Entfernung anfühlen und zwar in verschiedenem Kontext.

Nimm dir also zuerst irgendeine angenehme Situation und achte auf deine visuelle Wahrnehmung. Was siehst du und vor allem *wie* siehst du? Schaust du von außen auf dich und siehst dich als Ganzen, als Ganze vor dir (in sicherer Entfernung) – oder bist du mittendrin im Geschehen? Es gibt zwei sehr zuverlässige Proben, um das festzustellen, falls du dir noch nicht sicher bist: 1.) Du schaust mental nach unten: Siehst du deine Füße? Wenn ja, dann bist du mittendrin. 2.) Du drehst dich um. Siehst du, was hinter dir liegt? Wenn ja, dann bist du mittendrin.

Sobald du das weißt, wechselst du die Perspektive, gehst also entweder aus dir heraus und siehst dir deine Erinnerung von außen an oder du schlüpfst in dich hinein und erlebst die Situation ganz unmittelbar.

Wie hat sich dein Gefühl geändert, in dem Moment, wo du den Wechsel gemacht hast? Merkst du schon, um wie viel intensiver dein Gefühl ist, sobald du mittendrin bist?

Diesen Perspektivenwechsel darfst du üben. Er ist ein sehr mächtiges Tool, das du überall und jederzeit einsetzen kannst, um die Intensität deiner Gefühle zu steigern oder zu reduzieren.

Gerade bei sehr starken tiefgehenden negativen Emotionen wie Schmerz, Trauer oder Wut ist es eine hervorragende Entscheidung mit dem Wechsel der Perspektive in die sichere Entfernung wieder Luft zum Atmen zu bekommen, klar zu sehen und die Signale zu verstehen.

Kannst du diese Wirkung noch verstärken? Ja! Stell dir vor, wie du dich beobachtest, wie du dich in der Situation beobachtest.

Natürlich kannst du auch hier direkt ins kalte Wasser springen und gleich mit einer unangenehmen Situation beginnen – das ist die zweitbeste Option.

Denn das menschliche Gehirn lernt umfassend. Sobald du gelernt hast die Intensität deines Gefühls zu verändern, hat dein Anders-als-Bewusstsein schon begonnen dich unmittelbar und unwillkürlich in der Auswahl deiner Wahrnehmungen zu unterstützen und dir Auswege aus unangenehmen Gefühlen anzubieten, die du umso natürlicher annimmst, als dein Anders-als-Bewusstsein darauf trainiert ist, dich zu beschützen und in den bestmöglichen Zustand zu bringen. Genauso wie du dein Potential optimal ausnützt, indem du dein Erleben von Erfolgen intensivierst.

Ich höre Musik und mache mir meine Stimmung

Wie geht's dir mit Musik? Hörst du gerne Musik? Hast du auch bestimmte Lieblingslieder, die dich in eine bestimmte Stimmung bringen?

Dann ist diese Technik vielleicht gerade richtig für dich. Sie ist so einfach, dass viele Menschen erstaunt sind, wie wirksam sie ist, obwohl sie oft schon jahrelang Musik – meist unbewusst – verwenden, um ihre Stimmung zu beeinflussen.

Du wählst ein Lied aus, das dich in gute, auf jeden Fall andere, Stimmung bringt und hörst es dir an – mit Kopfhörern oder gerne auch laut.

Manchmal tritt die Veränderung sofort ein, manchmal dauert es ein wenig länger. Das erste Lied klappt noch nicht ganz? Nimm ein zweites und lass dich umstimmen.

Sobald du mitsingst und auch mittanzt, intensivierst du die Wirkung exponentiell.

Das ist eine Technik, die sehr individuell ist und probiere sie für dich aus. Vielleicht geht die Gefühlsveränderung auch hier nicht direkt von ganz mies zu himmelhoch jauchzend – das ist völlig normal. Jede Veränderung zählt und du bist Sieger, Siegerin, weil du die Kontrolle über deine Gefühle und somit dein Leben wiedergewonnen hast.

Vielleicht hast du ja Lust dir deinen persönlichen Power-Mix zusammenzustellen und auf einem mp3-Player, am Smartphone und am Computer für dich zur Verfügung zu haben.

Das wirkt Wunder, um dir Arbeit leicht zu machen, die du vielleicht früher als monoton empfunden haben könntest. Auf einmal machst du ein Spiel daraus: Bin ich schon vor dem nächsten Lied mit dem Geschirr waschen, Staubsaugen, Steuererklärung ausfüllen, Tabellen aufstellen, Bügeln ... fertig? Habe ich nicht noch mehr Hemden, Tabellen, Geschirr ...?

Elises Job

Eigentlich hatte der Tag ganz gut begonnen. Elise hatte gut geschlafen und das Frühstück mit ihrem Mann Martin war schmackhaft und unterhaltsam – sie hatten sich sogar wieder einmal ein weiches Ei gegönnt.

Die Sonne schien und es war ein lauer Spätsommertag im September.

Alles lief gut, bis Elise in die Arbeit kam.

Hatten wir schon erwähnt, dass Elise als Chefsekretärin in einer Anwaltskanzlei arbeitete?

Hast du's bemerkt? Der Satz ist in der Vergangenheit.

Kaum war Elise bei der Tür hineingekommen, als ihr Sabine, ihre jüngere Kollegin gleich entgegenwarf: »Er will dich sofort sehen ... und er ist mies drauf ...«

Er war Elises Chef, einer der Rechtsanwälte der Kanzlei. Elise arbeitete seit 25 Jahren in der Firma.

Bis zu diesem Tag. Das Ende kam unerwartet und blitzschnell.

»Danke Frau Maier, Sie waren eine wichtige Stütze beim Aufbau der Firma, die aktuellen Entwicklungen der letzten zwei Jahre waren für uns äußerst erfolgreich und Sie waren für uns ein Fels in der Brandung – das werden wir nie vergessen!

Jetzt ist unsere Kanzlei in eine neue Phase eingetreten und wir haben für Sie mit Ihren Fähigkeiten keinen geeigneten Platz mehr. Sie finden sicher schnell eine neue Herausforderung, die Ihnen mehr entspricht.

Sie haben ja noch 2 Wochen Urlaub und für den Rest der Kündigungsfrist sind sie freigestellt. Bitte räumen Sie noch heute Ihren Schreibtisch und nehmen Sie alle persönlichen Dinge mit. Ihre Schlüssel übergeben Sie Frau Mateschitz.

Vielen Dank und alles Gute.«

»Danke.« Warum sie das sagte, wusste Elise selbst nicht. Die »gute« Erziehung vermutlich.

Nach außen hatte sie die Ruhe und das Gesicht gewahrt, sie hatte sich von Sabine freundlich verabschiedet und ihre persönlichen Sachen geschnappt und war still davon geschlichen.

Innen war einfach nur Starre. Eine Welt war für Elise zusammengebrochen. Es hatte nur 5 Minuten gedauert, um 25 Jahre auszulöschen.

Und so ungerecht! Alles hatte sie der Firma gegeben. Auf so vieles verzichtet und immer den Chefs nachgegeben.

»Welch Undankbarkeit!«

»Was sage ich meinem Mann?«, »Wie erkläre ich das meinen Freundinnen? ... und der Schwiegermutter!!!«

Nicht einmal weinen konnte Elise, als sie daheim ankam.

»Zum Glück sieht mich jetzt niemand!«, dachte sie, als sie endlich doch in Tränen ausbrach.

Just in diesem Moment klopfte es laut – erst wollte Elise gar nicht hingehen – nur zögernd schleppte sie sich verheult zur Eingangstür ... und spähte durch den Spion.

Draußen stand Chris, ihre Nachbarin und langjährige Freundin.

Unsicher öffnete Elise die Tür.

»Wie siehst denn du aus?«, » Was ist passiert?«, rief Chris.

Und Elise weinte nur noch mehr.

»Komm, wir gehen rein, machen die Tür zu und du setzt dich erst mal hin.« Mit diesen Worten bugsierte Chris ihre verzweifelte Freundin ins Wohnzimmer zur Couch.

»So, jetzt richtest du dich erstmal auf, drückst dein Brustbein nach vor, hebst dein Kinn und atmest dreimal tief durch.« - »Ich mach gleich mit.«

War es die unbekümmerte, direkte Art, mit der Chris auf Elise zuging? War es ihre veränderte Haltung? Elise bemerkte fast verwundert, wie sie sich schon ein wenig besser fühlte und zur Ruhe kam.

Es tat so gut, dass ihre Freundin sie einfach annahm und noch nicht mal wissen wollte, was geschehen war.

»Sie haben mich rausgeschmissen.«, brachte sie heraus.

»Was? Die sind ja verrückt! Was machen die denn ohne dich? Du bist doch die rechte Hand vom Dr. Niemer.« Chris wusste gleich, worum es ging und sie hatte einen anderen Blick auf das Geschehen als Elise – bis dahin.

Dann fragte Chris gleich: »War der Herr Doktor heute in seinem rosa Babystrampelanzug, als er dir die freudige Nachricht überbrachte?«

Kurz zuckte ein Lächeln über Elises verweintes Gesicht. »Was redest du da ...«, entschlüpfte es ihr. »Das ist nicht komisch!« ...

Chris schaute sie mit offenem Blick an und sagte ganz ernst: »Und hatte er seinen Schnuller auch dabei?«,»Wie hat er das beim Reden gemacht? Hat er den Schnuller da rausgenommen?«

»Und ... sag, mal Elise, wie groß ist der Herr Doktor

eigentlich, wenn du so an ihn zurückdenkst ... 10 oder 15 cm?« - »Wahrscheinlich ist er irgendwo raufgekrabbelt, um mit dir sprechen ...«

Zuerst hatte Elise ihre Freundin fassungslos angesehen und dann, sie konnte es selbst nicht glauben, begann sie sogar ein wenig zu lächeln und stoßweise bahnte sich ein Lachen den Weg durch die Tränen.

»Danke Chris! Das tut so gut.« Die innere Starre war wie weggeblasen. Elise war immer noch wütend – und wie.

»So eine Frechheit! Ich habe 25 Jahre lang alles gegeben und dann das – die können mich gern haben!«

»Komm, Elise, steh auf und wasch dir dein Gesicht. Dann machen wir einen Spaziergang und gehen einen Eiskaffee trinken und besprechen deine nächsten Schritte.«

»Ja!«, sagte Elise und nahm nicht nur diese Einladung an, mit ihrem Aufstehen richtete sie sich auch innerlich auf, sie wusch sich nicht nur die Tränen aus dem Gesicht, sie spülte die große innere Leere weg und machte sich auf das Beste aus ihrem Leben zu machen.

Ich mache mir meine Bilder selbst

Du hast bei »Ich spreche mit liebevoller Stimme mit mir« schon gelernt, dir die Tatsache, dass Menschen in erster Linie in Worten und Bildern denken und sich so ihre Gefühle machen, zunutze zu machen, indem du deinen inneren Dialog veränderst.

Jetzt sind deine Bilder dran.

Vielleicht glaubst du noch, dass du keine Bilder siehst, wenn du denkst? Denk an einen Baum, an einen Menschen, den du magst, an eine Blume, ... Was du – in deinen Gedanken – siehst, sieht vermutlich anders aus als die tatsächliche Blume.

Die wissenschaftliche Grundlage für das Verändern deiner inneren Bilder liegt darin, dass du immer nur eine bestimmte Auswahl der visuellen Eindrücke, die du über deine Augen erhältst, bewusst und anders-als-bewusst abspeicherst. Beim Abrufen dieser Eindrücke triffst du die nächste Auswahl und kannst auch frei kombinieren – träumen oder fantasieren etwa. So ist es erklärbar, dass du dir einen rosa Elefanten bildlich vorstellen und ihm auch noch hellgrüne Flügel und einen ultramarinblauen Hut aufsetzen kannst.

Was hast du gerade »gesehen« ...?

Hier setzt du mit dem Werkzeug des Bilderveränderns an.

Such dir eine konkrete Situation aus deinem Leben zum Trainieren aus und achte einmal genau darauf, wie du dich bildlich an sie erinnerst, was du wie siehst.

Wie sehen die Farben aus? Sind sie kräftig oder zart? Sind da überhaupt bunte Farben? Siehst du scharf oder sind die Dinge und Menschen eher verschwommen? Erinnerst du dich an einzelne Bilder, die sich wie Fotos in einer Diashow abwechseln oder läuft in dir ein Film ab? Wie nah sind die Bilder und wie groß? Haben sie einen Rahmen und wenn ja, was für einen?

Wenn du das zum ersten Mal machst, magst du dir deine Ergebnisse vielleicht auch schriftlich festhalten.

Wir haben die Erfahrung gemacht – sowohl mit uns selbst als auch beim Trainieren von anderen Menschen – dass Bilder in Erinnerungen, die mit starken Gefühlsempfindungen verbunden sind, meist sehr nah und groß sind und ein innerer Film abläuft. Teste das einmal für dich.

Im nächsten Schritt gehst du dann dazu über einzelne Elemente zu verändern. Eine klassische unangenehme Erinnerung ist für viele Menschen eine Auseinandersetzung mit einer Autoritätsperson. Probiere doch mal aus, was geschieht, wenn du so eine »Autoritäts«person schrumpfst, also etwa auf 10 cm Größe?

Wie hat sich dein Gefühl geändert?

Ein anderes sehr cooles Tool ist das »Wegschießen«. Was passiert in dir, sobald du die Person weit von dir wegschießt? Vielleicht stellst du sie zunächst in 100 Meter Entfernung von dir ab und dann vielleicht neben den Mond ... und über unsere Galaxie hinaus.

Welche Veränderung bei deinem Gefühl fällt dir auf?

Du kannst jede Einzelheit verändern und findest so heraus, welche für dich am stärksten und schnellsten wirkt.

Das Bildermachen und – verändern ist eine Fertigkeit, die du lernst und mit Übung wirst du immer besser darin. In manchen Situationen und Zusammenhängen klappt das dann ganz wie von selbst.

Das ist eine Technik, die du super mit dem »Mittendrin oder in sicherer Entfernung« Werkzeug kombinieren kannst.

Und möglicherweise kam dir der Gedanke schon: Du kannst dich auch schon vor einer Begegnung visuell darauf vorbereiten und die »Autoritäts«person schon im Vorfeld klein und handlich machen ...

Wir könnten noch ergänzen, dass diese Technik auch Wunder wirkt, sobald du sie nutzt, um dir die Bilder deiner Ziele nahe herzuholen und sie groß machst.

In diesem umgekehrten Fall machst du dich und das Bild ganz groß, bunt, scharf. Denn du bist ja scharf, sobald du erfolgreich bist, Erfolg macht sexy! Und das darfst du dir in allen Einzelheiten vorstellen!

Ich richte mich auf

Diese Maßnahme ist weit verbreitet, im Sinne von: Viele Menschen kennen sie.

Bei der Anwendung ist da noch viel Spielraum nach oben, was die Verbreitung betrifft.

Und du? Kennst du sie? Und wie oft wendest du sie an?

Wir sprechen vom Aufrichten.

Das klappt im Sitzen und im Stehen – auch im Gehen oder Laufen – hervorragend:

Nimm zunächst die Ausgangsposition ein: Du lässt Schultern und Kopf hängen, richtest deinen Blick nach unten, sitzt, stehst oder gehst ganz in dich zusammengesunken.

Du kannst dabei gerne auch leise sagen: »Ich bin toll und fühle mich super.«

Wie fühlst du dich dabei?

Und jetzt richtest du dich auf.

Du hebst dein Kinn, schiebst dein Brustbein nach vorne und ziehst deine Ellbogen leicht nach unten und rollst so deine Schultern zurück.

Und dann streckst du deine Arme weit ausgebreitet nach oben und greifst nach den Sternen – dabei richtest du auch deinen Blick nach oben.

Zur Probe kannst du in dieser Haltung auch sagen: Ich fühle mich ohnmächtig und mies.

Wie gut fühlst du dich dabei?

Natürlich brauchst du dich nicht schlecht zu fühlen, um dich regelmäßig aufzurichten, denn es hilft immer enorm. Vielleicht hast du schon von selbst, ganz unwillkürlich dabei gelächelt, vielleicht noch nicht.

Die Gefühlsveränderung tritt auch beim Aufrichten sehr schnell ein. Das heißt nicht, dass alles automatisch gut ist und du machst es dir mit diesen Übungen leichter mehrere Optionen als solche zu erkennen und damit fängt Leben wieder so richtig an.

Es ist dabei nicht wichtig, dass du glaubst, dass es dir gut tut dich aufzurichten. Du nimmst auch hier auf der körperlichen Ebenen Veränderungen vor. Deine Körperwahrnehmung ändert sich. Dein Gehirn bekommt anderen Input, andere Informationen aus den unterschiedlichsten Regionen deines Körpers und verändert so den chemischen Mix aus Neurotransmittern und Hormonen, andere Nerven und Nervengruppen feuern gemeinsam. Und du fühlst dich anders an.

Das ist ein natürlicher Vorgang und bietet dir die Chance aus einem unerwünschten labilen Gefühlszustand heraus und in einen stabilen besseren hineinzukommen.

Ich nehme eine Farbdusche

Was ist deine Lieblingsfarbe? Oder hast du mehrere Farben, die dir wirklich gut gefallen, die für dich sehr positiv belegt sind?

Such dir jetzt eine Farbe aus und stell dir gedanklich eine Dusche in dieser Farbe vor. Die Flüssigkeit, die aus ihr herausströmt, ist in deiner Farbe und du bestimmst, ob sie in einem Badezimmer ist oder an einem Strand. Du kannst dir auch einen kleinen oder großen Wasserfall vorstellen, einen Springbrunnen, einen Gartenschlauch, wenn du magst. Das ist deine Farbdusche.

Du betrachtest sie dir in allen Einzelheiten und dann steigst du hinein. Du siehst die Flüssigkeit in deiner Farbe und spürst, wie sie auf deine Kopfhaut trifft und an dir hinabfließt und tropft. Du bestimmst die Kraft des Farbstrahls, kannst die Intensität mit deinen mentalen Reglern fein abstimmen, sodass sie für dich genau richtig passt.

Du hörst auch das Prasseln des Wassers auf deiner Haut und wie die Tropfen auf dem Boden aufschlagen, nachdem sie reinigend und wohltuend über dich geflossen sind.

Vielleicht richtest du jetzt deinen Blick aus deiner Farbdusche heraus in die Welt um dich und merkst, wie alles, was du wahrnimmst, in deine Farbe getaucht ist. Du siehst alles in zartrosa, goldgelb, türkis, smaragdgrün, ... du bestimmst.

Schau jetzt nach innen, in dich.

Wie hat sich dein Gefühl verändert? Was magst du am Effekt deiner Farbdusche am meisten? Wie zufrieden bist du schon mit dem Ergebnis?

Natürlich steht es dir frei, verschiedene Farben, Duschen, Wasserfälle, Schläuche, Springbrunnen, Hydranten zu testen und so findest du heraus, was für dich optimal wirkt. Vielleicht wirken verschiedene Farben in unterschiedlichen Situationen perfekt – probiere doch einmal aus, wie es ist in einem Regenbogen zu duschen.

Ja, selbstverständlich ist es auch eine gute Idee diese heilsame Farbdusche vorbeugend einzusetzen. Möglicherweise hast du Lust in der Früh solch eine Dusche zu nehmen und mental erfrischt und gereinigt in deinen Tag zu starten.

Ich mache ein Gesicht

Du kennst schon die bestimmende Wirkung deiner Körperhaltung auf deine Emotionen – lass uns jetzt einen Blick in dein Gesicht, auf deine Mimik werfen.

20 Sekunden lächeln - oder mehr – setzt Wohlfühlhormone frei und tut gut, das weißt du.

Es mag auch Momente geben, wo der Schritt zum Lächeln zu groß scheint. Tatsache ist, dass du dein Gesicht machst. Bewusst oder unbewusst - und wie du es machst, hat einen starken Einfluss auf deine Gefühlswelt.

Fang damit an, verschiedene Gesichtsausdrücke zu testen. Vielleicht zu Beginn unter dem Motto: »Was wäre, wenn ...«

Wie schaust du drein, wenn du neugierig bist, verärgert, gelangweilt, müde, konzentriert, begeistert, ...

Und als zweiten Schritt schneidest du Grimassen. Erst einfach so – achte dabei darauf, wie sich deine Gesichtshaut jeweils anders anfühlt – und dann schaust du dir vor einem Spiegel zu.

Wir könnten jetzt noch erwähnen, dass bei vielen Menschen der Stress, die Verspannung sich gerade in den Muskeln und Sehnen des Gesichts ausdrückt. Der Kiefer ist ein Zentrum der Aufmerksamkeit und der Zustand der kleinen Muskeln in und um deine Augen ist auch eine mächtige Gruppe.

Mit dem Gesichtermachen und Grimassenschneiden spannst du diese Muskulatur gezielt an und entspannst sie wieder, so stellst du das natürliche und gesunde Wechselspiel, das alle Muskeln so lieben und brauchen, um sich zu entfalten und optimal zu arbeiten, wieder her.

Wie die anderen Übungen eignet sich »Ich mache ein Gesicht« auch gut als Partner_innenübung. Gegenseitiges Grimassenschneiden ist oft lustig, die entscheidende Frage hier ist: Wie ändern sich deine Gefühle dabei? Was ist anders für dich? Nimmst du die Veränderungen nur im Kopf- und Gesichtsbereich wahr oder auch schon in anderen Körperregionen?

Und wann fängst du an über dich selbst zu lachen?

Ich mach's mit Musik

Sobald du selbst ein Instrument spielst (und es gerade für dich verfügbar ist), ist Musik machen eine hervorragende Möglichkeit, um schnell in einen anderen Gefühlszustand zu kommen, ohne bewusst daran zu arbeiten.

Gerade diese Übung ist oft eine gute Ergänzung zu anderen Techniken. Oft finden Situationen, in denen die schlechten Gefühle übermächtig zu werden scheinen, nicht in einem Rahmen statt, wo du dein Instrument dabei hast.

Nicht nur hier bietet sich einerseits Singen oder auch Summen als Alternative an. Laut – oder, falls dir das besser passt, leise oder gar innerlich. Alternativ und ergänzend kannst du das Musikmachen auch nachholen, um die befreiende Wirkung von anderen Techniken noch weiter zu verstärken oder nachzuhelfen.

Gerade dieser Schritt des Wechsels kann ja in Situationen, wo Ohnmacht und Ausgeliefertsein vorherrschen, manchmal so schwierig scheinen und ist so wirksam, wie er einfach zu machen ist.

Ich hole mir Verbündete – Ich wähle mir ein Krafttier

Ist das Schamanismus? Ja, ein wenig. In der Kombination von altem Wissen und neuen Erkenntnissen liegt viel Kraft. Es gibt schon lange Menschen auf der Welt und so wie du als Individuum aus deinen Fehlern und Erfolgen lernst, so auch wir alle zusammen als Menschheit. So viel Gutes der Fortschritt uns gebracht hat und bringt, ist es ein wesentlicher Baustein für deinen Erfolg auch altes, bewährtes Wissen für dich zu nutzen.

Du brauchst dir jetzt kein Totemtier zu finden, dass dich immer begleitet – oder vielleicht schon seit langem begleitet. Teste einfach einmal, wie gut es dir tut ein oder mehrere Krafttiere an deiner Seite zu haben – situativ.

Vielleicht warst du auch schon in Situationen, wo du dir eine bestimmte Eigenschaft oder Fähigkeit gewünscht hast, um sie noch besser zu bewältigen. Und vielleicht magst du jetzt an Tiere denken, die für dich genau diese Stärke haben.

Du brauchst kein Adler zu werden, um den Überblick zu bewahren, du brauchst keine Bärin werden, um ein großes Hindernis aus dem Weg zu räumen, du brauchst kein Rennpferd zu werden, um die Nase vorn zu haben, du brauchst keine Tigerin zu werden, um auf Samtpfoten dahinzuschleichen. Du borgst dir die Fähigkeit oder Eigenschaft, die du dir hier und jetzt wünschst, aus und bedankst dich dafür.

Du brauchst keine biologische Expertise, es ist ganz einfach: Du denkst an Tiere, Tierarten, die du kennst, die für dich mit bestimmten Eigenschaften verbunden sind, die dir selbst in manchen Situationen nützlich sind, eine zusätzliche Ressource darstellen.

Und falls du dir in einer Situation solche hilfreichen Mittel wünschst, dann denkst du dir ein Krafttier herbei, das dir genau diese Eigenschaft oder Fertigkeit schenkt. Für genau den Zeitraum, wo dir das gut tut. Danach bedankst du dich und lässt dein Krafttier weiter fliegen, gehen, schwimmen, kriechen, ...

Vielleicht wünschst du dir den Langmut einer Schildkröte, die Ausdauer einer Seeschwalbe, die jedes Jahr vom Südpol zum Nordpol fliegt und zurück, die Schnelligkeit einer Gazelle, die dicke Haut eines Elefanten, den langen Atem eines Seehunds, die scharfen Augen eines Falken, die Leichtigkeit eines Schmetterlings, ... deine Fantasie kennt keine Grenzen.

Du kannst natürlich mehrere Krafttiere haben und dir auch von mehreren zugleich Unterstützung holen. Alles ist möglich und du holst dir die Unterstützung, die du brauchst.

Ich nehme die Last der Welt von meinen Schultern

Kennst du das Gefühl, dass das Gewicht der ganzen Welt auf deinen Schultern lastet? Da kann dir eine Übung, aus dem Qi Gong entwickelt, schnell Erleichterung bringen.

Du nimmst die Last der Welt von deinen Schultern.

Als Ausgangsposition stellst du dich schulterbreit hin, gehst leicht in die Knie, kippst das Becken sanft nach oben, streckst dein Brustbein heraus, ziehst die Ellbogen zart nach unten und hebst dein Kinn.

Jetzt stellst du dir die Last, die auf dir lastet, als Kugel vor, die um deinen Hals und deine Schultern hängt und vor dir baumelt.

Du nimmst deine Hände nach vor und umfasst diese Kugel und hebst sie ganz langsam und unwillkürlich an, immer höher, bis zu deiner Brust und weiter über deinen Kopf hinaus. Sobald du mit der Kugel über deinem Kopf angekommen bist, gibst du ihr einen leichten und bestimmten Schubs und stößt sie in den Raum, während du leicht aus den Knien mit nach oben drückst. Du verabschiedest dich dabei und führst deine Hände und Arme in einer offenen Halbkreisbewegung seitlich wieder nach unten und gehst in die Ausgangsposition zurück. Wiederhole diese befreiende Übung mindestens vier Mal.

Danach bleibst du kurz in der Ausgangsposition, legst deine Hände übereinander unter deinen Nabel, schließt die Augen und atmest dreimal tief durch.

Während du deine Augen weiter geschlossen hältst, spürst du in dich hinein und achtest darauf, wo du die Erleichterung am intensivsten spürst.

Ich drehe mein Gefühl um

Hier geht es um körperliche Gefühle und darum, wie sich Gefühle, die du hast, in deinem Körper anfühlen. Die Namen, die du dem Gefühl gibst, wie du gewohnt bist es zu nennen, sind hier nicht wichtig. Du richtest deine Aufmerksamkeit darauf, *wo* in deinem Körper du das Gefühl zuerst spürst, wo es beginnt.

Das menschliche Nervensystem funktioniert so, dass du einen bestimmten Reiz nur für eine kurze Zeit bewusst wahrnimmst – etwa ein bis drei Minuten. Dann gewöhnst du dich an diesen Reiz und dein Körper nimmt nur mehr Veränderungen in dem Gefühl wahr. Ein klassisches Beispiel dafür ist die Kleidung, die du trägst, Uhren oder Schmuck. Du spürst sie nur bewusst beim Anziehen oder, wenn du damit wo ankommst, oder – wie gerade jetzt – daran erinnert wirst.

Was bedeutet das? Um ein bestimmtes Gefühl über einen längeren Zeitraum aufrechtzuerhalten, darfst du ihm immer wieder neue Impulse geben. (Ja, das gilt auch für Sorgen.)

Jedes Gefühl beginnt an einem spezifischen Ort in dir und bewegt sich in eine bestimmte Richtung. Ein Beispiel? Nehmen wir eine Wärme in der Magengegend, die sich langsam in Richtung Kopf ausbreitet.

Du beobachtest also deine körperlichen Reaktionen und findest heraus, von wo nach wo sich dein Gefühl bewegt. Manche Menschen merken das sofort, manche dürfen sich da hineinfühlen. Um dir das leichter und schneller vorstellen zu können, hilft es, dass du die Bewegung deines Gefühls mit den Händen vor dir im Außen begleitest, nachempfindest.

Eine Auffälligkeit in diesem Prozess ist: Damit du ein Gefühl länger spürst, entfaltest du es in der Regel in Form einer kreisförmigen Bewegung. In der Regel in einer von 4 Richtungen: Im Uhrzeigersinn, gegen den Uhrzeigersinn, von oben nach unten oder von unten nach oben.

Du findest heraus, wo dein Gefühl beginnt und in welche Richtung es sich dreht. Da du es schon bei der Analyse mit deinen Händen begleitest, holst du es bildlich aus dir heraus, drehst es um und lässt es in die Gegenrichtung laufen.

Du bist wieder voll im Testen. Was fühlt sich am besten an? Im Uhrzeigersinn, gegen den Uhrzeigersinn, von oben nach unten oder von unten nach oben? Was ändert sich, sobald du die Geschwindigkeit erhöhst oder verlangsamst?

Es kann dabei auch vorkommen, dass du dein negatives Gefühl in diesem Prozess sogar verstärkst – und auch das ist ein gutes Zeichen: Du lernst mit deinem Gefühl umzugehen. Also weißt du, was dir nicht gut tut und wechselst die Richtung und/oder die Geschwindigkeit. Somit lässt du dich nicht mehr von deinem Gefühl bestimmen, sondern du bestimmst die Intensität und Qualität deines Gefühls.

Für einige Menschen klingt das vielleicht noch sehr seltsam – und in gewisser Weise ist es das auch, denn seltsam ist ein anderes Wort für ungewohnt. Wie immer hast du die Wahl. Willst du weiter Altes verwenden, um die alten Ergebnisse zu erzielen oder bist du schon bereit Neues auszuprobieren, um neue Ergebnisse zu erhalten?

Das ist ein sehr potentes Werkzeug aus dem NLP, das wir selbst auch sehr erfolgreich verwenden, um uns von Schmerzen zu befreien. Ein Schmerz ist ja auch ein Gefühl.

Jacques Nacken, Chris und das Klopfen

Wir verwenden mit großem Erfolg bei uns und in unseren Einzel- oder Gruppentrainings die Klopf-dich-frei-Technik, eine sehr einfache Technik, mit der ein Stateshift, der Wechsel von einem unangenehmen Gefühl in ein angenehmeres gründlich und schnell möglich ist.

Jacques kam mit Nackenschmerzen, die ihn seit Jahren quälten, zu Chris. Die über die letzten Jahre aufgesuchten Ärzte und Ärztinnen hatten ihm empfohlen mit dem Schmerz zu leben. Er konnte den Kopf fast nicht mehr zur Seite bewegen, besonders auf der einen Seite war sein Radius dramatisch eingeschränkt, was ihn auch beim Autofahren sehr behinderte.

Er ist 3 Mal zu mir gekommen und ich habe ihn mit der Klopf-dich-frei-Technik unterstützt. Das erste Mal habe ich ihn im Sitzen getappt. Seine Schmerzen haben sich auf der linken Seite verstärkt. »Au weija!«, denkst du vielleicht! Nun, sein Körper hat eine unmittelbare Reaktion gezeigt. Das ist ein gutes Zeichen.

Ich habe ihn gebeten, sich hinzulegen und gleich noch einmal die Klopfzyklen durchgemacht. Jacques spürte sofort eine Erleichterung. Bevor ich mit dem Klopfen anfing, bat ich Jacques, dass er ganz leicht und sanft in den Zustand geht, den er verändert, verbessert, weg haben will. Ich frage nicht nach Einzelheiten und auch nicht, nach möglichen Ursachen: Das darf er für sich behalten.

Bei den nächsten 2 Sessions habe ich das Klopfen gleich zu Anfang gemacht und ihn von der Entspannung, die durch das Klopfen auf natürliche Weise entsteht, in einen noch tieferen Zustand geführt. Dort fühlt er sich wohlig und angenehm entspannt und ich habe ihn sich in seiner Vorstellung als Mann sehen lassen, der den Hals wieder frei bewegt, die Schultern lockert und sich im ganzen Körper wohlfühlt.

Im dritten Training habe ich ihm die Klopf-dich-frei-Technik beigebracht, damit er zuhause, wann immer er das Bedürfnis verspürt sich eine Erleichterung zu verschaffen, sich selbst frei klopft!

Jacques ist schmerzfrei weggegangen und ist seit dem – das ist jetzt über ein halbes Jahr her – auch in diesem Wohlbefinden geblieben.

Toll hat er das gemacht! Klopf-dich-frei vertreibt körperliche und emotionale Schmerzen!

Wir haben gelernt, dass viele körperliche Erscheinungen auf alte Stressmuster zurückzuführen sind. Es ist schön Menschen dabei zu unterstützen, diese Muster zu durchbrechen, entschlossen alles zu tun, was dich in deiner Entwicklung zum High Performer, zur High Performerin weiterbringt!

Ohne Medikamente und lange Behandlungsdauer: Das ist nachhaltig und ökologisch!

Du kannst das Klopfen auch gut anwenden, sobald du in einem guten angenehmen Zustand bist und ihn noch weiter verbessern willst.

Ich bin z.B. eine Spätaufsteherin. Ich arbeite liebend gerne bis in die fortgeschrittene Nach hinein, in der festen Überzeugung, dass ich am nächsten Tag ganz leicht und ausgeschlafen zu der von mir geplanten frühen Zeit aufwachen werde.

Und am nächstem Morgen wunderte ich mich früher, warum ich mich doch noch verschlafen anfühlte!

Mittlerweile habe ich mir angewöhnt, mich regelmäßig vor dem Einschlafen und direkt nach dem Aufwachen frei zu klopfen!

Am Abend damit ich schnell einschlafe und tief tief durch die ganze Nacht schlafe. In der Früh klopfe ich mich vom Schlaf frei und merke, wie mein Körper schon während des Klopfens aufwacht und ich mich mit Energie fülle. Danach bin ich hellwach und fit. Ich hüpfe aus dem Bett und bin bereit erneut meine High Performance an diesem neuen Tag zu bringen!

Und du, hast du schon Lust bekommen, dich noch fitter anzufühlen, als du es schon bist, in den Bereichen einsatzbereit zu sein, die dir am wichtigsten sind!

So bist du eine High Performerin, ein High Performer! Das macht Spaß und wirkt! Täglich beginnen unzählige Menschen sich ihre Geschichte wieder selbst zu schreiben.

Sei auch dabei!

Ich habe einen Anker

Diese einfache und kraftvolle Übung stammt auch aus dem NLP (Neurolinguistisches Programmieren). Sie ist eine andere Variante von »Ich hole mir Verbündete – ich habe einen kleinen Talisman« – mit einem kleinen, großen Unterschied: Diesmal bist du selbst dein Talisman.

Dein Anker ist besonders geeignet, wenn du bestimmte Eigenschaften, Fähigkeiten, von denen du selbst schon weißt, dass du sie in manchen Situationen hast, auf andere Situationen übertragen willst, damit sie dir zur Verfügung stehen.

Gelassenheit, Langmut, Schlagfertigkeit, Flexibilität, Entschlossenheit, Humor sind einige Beispiele.

Und so baust du dir deinen Rettungsanker:

Du entspannst dich und suchst dir eine bestimmte Situation aus, in der du die gewählte Fähigkeit hast und stellst sie dir so lebhaft wie möglich vor. Du siehst, was du siehst, du hörst, was du hörst, du fühlst, was du fühlst, du riechst und schmeckst, was du riechst und schmeckst. Du bist dabei mittendrin in der Erinnerung und merkst, wie du diese eine Eigenschaft voll auslebst und anwendest und sobald du das so richtig stark empfindest, drückst du den Mittelfinger und den Daumen einer Hand kräftig und bestimmt gegeneinander und hältst diesen sanften und entschlossenen Druck drei bis fünf Sekunden lang. Währenddessen sagst zu dir: »Ich bin ...« »Ich habe ...« und setzt dabei jeweils deine gewählte Fähigkeit ein.

Dann lässt du los, atmest zweimal tief durch und testest deinen Anker: Du presst Daumen und Mittelfinger aneinander und sagst deinen »Fähigkeitssatz« dazu und aktivierst so deine Erinnerung und deinen Anker.

Entweder du spürst die gewünschte Ressource schon ganz stark oder du willst noch ein Schäuferl nachlegen, in diesem Fall wiederholst du den vorigen Prozess nochmals und zwar mit einer zweiten bestimmten Situation, in der du deine Fähigkeit voll auslebst. Am Höhepunkt der Erinnerung ankerst du dann wieder mit Daumen und Mittelfinger und deinem Satz.

Dann lässt du los, atmest zweimal tief durch und testest deinen Rettungsanker.

Diesen Vorgang – im Fachjargon sagen wir Ankerstapeln – wiederholst du so oft, bis du beim Auslösen deines Ankers die gewünschte Eigenschaft, Fähigkeit rasch und intensiv spürst und sie als Ressource nutzen kannst.

Diesen Anker kannst du dann auswerfen und aktivieren, wenn du in einer Situation bist, wo du diese Fähigkeiten brauchst oder schon bevor du in die Situation kommst. Es könnte ja Settings geben, wo dir schon im Vorhinein klar ist, dass du eine bestimmte Eigenschaft nutzen willst, z. B. für einen Vortrag, den du halten wirst, um deine High Performance zu bringen.

Markus und seine Angestellten

Markus ist Geschäftsführer einer Softwarefirma mit 25 Angestellten. Markus ist mit seinen 38 Jahren ein erfolgreicher Mann und es geht im beruflich wie privat gut.

Das war nicht immer so.

Es gab da einen dunklen Fleck. So gut im Großen und Ganzen die Arbeit in der Firma lief, es gab einen Anlass, der Markus regelmäßig zur Weißglut trieb.

Eigentlich ganz harmlos und doch so unkontrollierbar, wie es Markus schien.

Worum es ging? Um die Angestellten, die immer wieder mal die Aufgaben nicht genau so erledigten, wie Markus es wollte – Nein, er hatte ihnen auch haargenau erklärt, wie sie die Aufgabe zu erledigen hatten. Einfach oder!!!

Zwar lieferten die Jungs und Mädels meist ungefähr die gewünschten Ergebnisse, aber nie in genau der richtigen Form.

Und Markus explodierte. Regelmäßig.

Alle wussten schon, was kommt – auch er selbst, aber er sah keinen Ausweg, sobald das »falsche« Ergebnis kam, ging er ab.

Natürlich gab es Reaktionen. Manche der Angestellten hatten die Firma schon verlassen und sein Partner hatte ihm seine Meinung öfter gesagt. Und in den lichten Momenten war sich Markus selbst klar, dass es so nicht weitergeht.

Der Wendepunkt kam, als Toni, seine rechte Hand ihm in den Nachbeben einer von Markus Explosionen die Kündigung überreichte und sich auch nicht umstimmen ließ.

Das war zu viel und Markus holte sich Unterstützung bei uns und begann sein Verhalten auf mehreren Ebenen zu verändern.

Markus begann jeden Tag in der Früh die Qi Gong Übung Wolken schieben zu machen – 5 Minuten, die einen großen Unterschied machten. Die innere Ruhe, die er so in sich selbst fand, nahm Markus jetzt auch in die Arbeit mit.

Früher fand er gerade solche langsamen körperlichen Übungen schlicht blöd. Wenn schon dann ab in die Kraftkammer zu den schweren Gewichten oder an den Sandsack! »Da spüre ich wenigsten gleich, was ich tu!«, sagte er sich damals. Und meistens waren es Schmerzen, die Markus spürte.

Jetzt spürt Markus auch, was er tut. Er spürt, wie feinfühlig sein Körper arbeitet, wie er mit wenig Bewegung Großes bewegt. Er erdet sich, indem er die Luft bewegt. Aus seinen ersten Übungen am Stand ist schon ein ganzer Zug Schritte geworden, er tanzt den Wolken nach rechts und nach links nach und lässt sie gar nicht mehr in sein Blickfeld kommen. Das hat ihm viel Flexibilität in seinem Verhalten gegeben.

Und das Loslassen übt er so jeden Tag und geht mit einer ganz anderen Perspektive an das Delegieren in der Firma.

Ja, er hat auch vor den versammelten Angestellten zu seinem Verhalten Stellung genommen und die neue Strategie mit ihnen abgestimmt. Wenn er jetzt Berichte oder andere erledigte Aufgaben erhält, setzen er und die Angestellten als Erstes eine imaginäre rote Clownnase auf, ziehen Grimassen und beginnen die Kommunikation mit einem Lächeln.

Brauchen wir noch zu erwähnen, dass seither nicht nur die Stimmung in der Firma besser ist? Die Fehltage wegen Krankheit haben sich um ein Drittel reduziert und der Umsatz steigt beständig.

Ich hole mir Verbündete – Ich habe einen imaginären Freund, eine imaginäre Freundin

Vielleicht hast du als Kind schon einen imaginären Freund oder eine imaginäre Freundin gehabt? Vielleicht auch nicht. Wir meinen eine vertraute Person, die immer wieder für dich da war, die nur du gesehen hast, der du alles erzählen konntest.

Diese Verbündeten sind ähnlich und anders als deine Krafttiere. Hier stellst du dir einen Menschen vor. Das kann ein Mensch sein, den oder die du im wirklichen Leben kennst oder gekannt hast. Das kann eine Romanfigur, eine Person aus einem Film sein oder auch eine Mischung von verschiedenen Personen, die du dir mit deiner Fantasie erschaffst.

Bist du bereit? Du kannst dir jetzt deinen imaginären Freund, deine imaginäre Freundin erschaffen.

Mach dir ein ganz konkretes Bild von diesem Menschen, suche einen Namen aus, ein Aussehen, einen Stil.

Diesen Verbündeten, diese Verbündete kannst nur du sehen, hören, spüren und er oder sie ist immer für dich da. Egal in welchem Kontext du dich gerade bewegst, du kannst deinen imaginären Freund, deine imaginäre Freundin jederzeit herbeirufen. Und manchmal merkst du, dass du genau diese Person brauchst, daran, dass sie einfach unbewusst auftaucht und für dich da ist.

Gerade in Momenten einer gefühlten Einsamkeit oder Ratlosigkeit und vor wichtigen Entscheidungen kann so ein Verbündeter, so eine Verbündete Wunder für dich wirken.

Sie hört dir zu, unterstützt dich und gibt dir nur Ratschläge, wenn du gerade offen dafür bist. Du kannst sie alles fragen, ihr alles erzählen oder dich auch einfach nur bei ihr anlehnen. Vielleicht holst du dir auch eine virtuelle Umarmung von deiner imaginären Freundin, deinem imaginären Freund.

Ich zieh mich an den Ohren

Diese Technik ist besonders effektiv, falls du dich einmal antriebslos, lasch, müde und unkonzentriert anfühlen solltest.

Eine wunderbar energetisierende Übung: Einfach, schnell, handlich und universell einsetzbar. Du nimmst dazu deine Ohren in deine Hände, rubbelst sie, ziehst sie fest und liebevoll in alle Richtungen ... und lässt dich überraschen, wie viel frische Energie dich durchströmt.

Das ist wahrscheinlich der schnellste und effektivste Weg, um deine Konzentration, Wachheit und Aufmerksamkeit zu boosten.

Vielleicht hast du auch schon bemerkt, wie du durch dein Ohrenziehen deinen ganzen Körper aufgerichtet hast.

Ich hole mir Energie aus dem Universum

Alle Energie auf der Erde kommt von der Sonne und sie ist nicht die einzige in unserem Universum. Diese Übung aus dem Qi Gong hilft dir dich zu kräftigen, wenn du gerade einen frischen (Energie) Impuls brauchst.

Als Ausgangsposition stellst du dich schulterbreit hin, gehst leicht in die Knie, kippst das Becken sanft nach oben, streckst dein Brustbein heraus, ziehst die Ellbogen leicht nach unten und hebst dein Kinn.

Nimm zwei tiefe Atemzüge und atme jeweils vollständig wieder aus. Nun richtest du dich bewusst auf, hebst deine Arme und streckst sie nach oben, die Ellbogen bleiben leicht angewinkelt– deine Handflächen schauen dabei zueinander und sind leicht nach oben und außen gewandt. Hebe deinen Kopf sanft an und blicke dabei gegen den Himmel. Wenn du diese Übung im Freien machst, dann richte deinen Blick auf die Sonne und achte dabei darauf, dass du deine Augen geschlossen hast.

Jetzt bist du bereit Energie aus dem Universum direkt von der Sonne in dich, durch deine Hände in deinen ganzen Körper fließen zu lassen, aufzunehmen und dich zu stärken. Mit jedem Einatmen holst du dir die frische Energie und mit jedem Ausatmen lässt du etwas durch deine Fußsohlen los, das du nicht mehr brauchst.

Ich lache jetzt schon

Das ist die hohe Schule der Gefühlsveränderung und in Wirklichkeit ganz einfach.

Du kennst sicher auch dieses Gefühl: Irgendetwas, das sich im ersten Moment tragisch, schrecklich, ärgerlich, schlimm angefühlt hat, kommt dir nach einiger Zeit rückblickend betrachtet komisch vor und du lachst darüber! Alleine oder mit Freunden und Freundinnen?

Manchmal hat das Minuten gedauert und in einigen Fällen vielleicht sogar Jahre - das wissen wir aus eigener Erfahrung.

Und wir haben eine Frage an dich: Warum willst du warten? Und wie lange soll es dauern, bis du die Komik siehst?

Wie wäre es, wenn du das nächste Mal einfach gleich probierst, wie gut es sich anfühlt jetzt schon laut loszulachen.

Und du?

Danke, dass du uns bis zum Ende gefolgt bist. Unsere Mission ist es, diese Welt zu einem noch schöneren Ort zu machen und der wichtigste Schritt in unserer Welt ist dabei Menschen zu helfen sich selbst in immer bessere Zustände zu bringen.

Natürlich haben wir bei uns selbst begonnen. Ja, wir haben die Schattenseiten des Lebens kennengelernt und gelernt mit ihnen so umzugehen, dass wir uns zuerst in einen möglichst guten Zustand bringen und dann unsere Entscheidungen treffen.

Eine Auswahl der wirksamsten Erste-Hilfe-Techniken und Strategien, die wir getestet und weiterentwickelt haben, kennst du jetzt.

Du hast über sie gelesen und sie ausprobiert.

Wir haben jetzt eine Frage an dich: Bist du schon bereit sie regelmäßig anzuwenden, dich zu trainieren, sie für dich anzupassen und so dein Potential immer weiter auszuleben und deine optimale Leistung zu bringen? Bist du bereit eine High Performerin, ein High Performer zu sein?

Falls du noch gezögert hast, fragen wir dich: Worauf willst du warten? Was muss geschehen, damit du ins Handeln kommst?

Sobald du dazu Ja! sagst und die Verantwortung für dein Denken, deine Gefühle, dein Leben wieder übernommen hast– sind wir dir zutiefst dankbar, denn mit diesem Schritt hast du deinen wichtigsten Beitrag geleistet, um unsere Welt zu einem noch schöneren Ort, voll mit glücklichen Menschen zu machen.

Wir wünschen dir, dass du deine Träume groß machst und sie alle verwirklichst!

Bleib dran und hol dir noch mehr Impulse für deine High Performance und eine Selbsthypnose-mp3 als Geschenk: www.pimpyourbrain.com/ziele-bad

Für deine Erfolgsberichte, Anregungen und Fragen erreichst du uns auch per E-Mail: ChrisundTom@pimpyourbrain.com

Hintergrundwissen

Alle Techniken, die wir dir in *»Pimp Your Brain! Erste Hilfe für deine High Performance«* vorgestellt haben, gründen in verschieden Modellen und Methoden, die wir selbst gelernt, angewendet und weiterentwickelt haben. Wir haben eine Übersicht mit Hintergrundwissen für dich zusammengestellt.

Positiv Denken

Dieser Erste-Hilfe-Kurs für den Umgang mit deinen Gefühlen hat nichts mit positiven Denken zu tun.

Ja, es stimmt: Menschen denken etwa 80.000 Gedanken pro Tag – die meisten wiederholen sich übrigens oft und regelmäßig – und je mehr diese Gedanken positiv sind, desto bester fühlst du dich an.

Insofern ist es natürlich eine gute Idee positiv zu denken. Und hier in *»Pimp Your Brain! Erste Hilfe für deine High Performance«*, geht es gerade, um die Situationen, in denen es Menschen bislang nicht so leicht fiel positiv zu denken.

Falls Menschen sich in einer starken Emotion, wie Wut, Trauer, Schmerz, Wut ..., gefangen fühlen, brauchen sie etwas, das es ihnen möglich macht, den ersten Schritt aus der gefühlten Ohnmacht heraus zu machen, um dann z. B. positiv zu denken oder andere produktive Dinge zu tun und wieder ihr Potential auszuleben und sich optimal zu verhalten.

Du schenkst dir mit den Techniken, die du hier lernst, die Möglichkeit mehrere Möglichkeiten als solche wahrzunehmen. Dann triffst du deine Entscheidung und lebst weiter. Weil du die Wahl hast.

Sobald du dort angekommen bist, ist auch positiv Denken eine gute Option und sinnvoll, weil es zu positiven Handlungen führt, es ist kein Selbstzweck.

Sein – Denken – Fühlen – Tun

Alle Techniken und Übungen in *»Pimp Your Brain! Erste Hilfe für deine High Performance«* basieren darauf, dass du bist = existierst. Das, was du bist, bestimmt, was du denkst, was du denkst, bestimmt, was du fühlst und was du fühlst, bestimmt, was du tust und damit veränderst du, wer du bist.

Deine Gedanken sind elektrische und chemische Prozesse, die in deinem Körper und vor allem in deinem Gehirn ablaufen. Auch deine Gefühle sind als Erstes elektrische und chemische Vorgänge in deinem Körper – denen du dann einen Namen gibst wie etwa Angst, Neugier, Freude oder Liebe.

Spannend ist, dass auch der Name, den du deinem Gefühl gibst, deine Entscheidung, wie und wo du es einordnest, dein Gefühl wieder beeinflusst. Und die Kategorisierung deiner Gefühle ist einerseits Produkt deiner Erfahrung und andererseits stark kontextabhängig. So kann das gleiche (körperliche) Gefühl nachts in einer einsamen, dunklen Straße Angst heißen und an einem strahlenden, sonnigen Tag am Strand in guter Gesellschaft Überraschung.

Und wie du das Gefühl einordnest, bestimmt dann oftmals auch die Handlungen, die du gewohnheitsmäßig in der Folge setzt.

Letztlich geht es natürlich immer um das, was du tust, das, was du aus dir in einer bestimmten Situation machst.

Das Wissen, dass es für deine Gefühle und Gedanken eine materielle Grundlage in dir selbst gibt, vergrößert deinen Handlungsspielraum und zeigt dir auch auf, wer für deine Gefühle verantwortlich ist.

Die Stressreaktion

Der deutsche Hirnforscher Gerald Hüther hat gezeigt, wie die Stressreaktion ein Ergebnis und Triebfeder der Evolution zugleich ist.

Die Stressreaktion an sich ist eine sehr hilfreiche Strategie des menschlichen Körpers, um in herausfordernden Situationen schnell und erfolgreich alle Ressourcen abrufen und reagieren zu können. Flucht oder Kampf sind die vorbereiteten Reaktionen und der ganze Körper stellt sich blitzschnell darauf ein – manchmal kann es auch zu einer Art von Starre kommen.

Entwickelt hat sie sich etwa im Kampf mit Säbelzahntigern und anderen realen Bedrohungen und Herausforderungen in der Umwelt.

Auf jeden Fall ist die Stressreaktion ein körperlicher Prozess, der grundsätzlich äußerst nützlich ist und erst ungesund wird, falls der akute Stress zum chronischen wird. Anders gesagt: Falls es dem Menschen nicht gelingt mit Hilfe der Stressreaktion die Herausforderung zu bestehen.

In der menschlichen Gesellschaft des 21. Jahrhunderts reagieren Menschen immer wieder auf nur angenommene Bedrohungen und behandeln etwa eine laute Chefin oder einen aufgebrachten Kunden als lebensbedrohende Herausforderung.

Das kann in der Folge zu körperlichen Schwierigkeiten führen und auf der emotionalen Ebene zu Zuständen der Überforderung und Ohnmacht.

Hier greifst du mit den Erste-Hilfe-Techniken aus *»Pimp Your Brain! Erste Hilfe für deine High Performance«* ein und unterbrichst diesen Teufelskreis aus steigender Überlastung und öffnest dir einen der Notausgänge, um wieder durchzuatmen, dich neu zu orientieren und positionieren.

Damit hast du dir eine solide Ausgangsbasis für gute Entscheidungen geschenkt.

Dialektik – die Kunst mit Widersprüchen produktiv und kreativ umzugehen

Das Leben selbst ist ein Widerspruch, da es zugleich ist und auch schon nicht mehr ist. Durch den beständigen Stoffwechsel, der das Leben ausmacht, bist du jetzt gerade schon nicht mehr genau der oder genau die, die oder der du eben noch warst.

Auch wenn du vielleicht gelernt haben solltest, dass Widersprüche hinderlich seien und um jeden Preis, auch mit Gewalt, aufgelöst werden müssten, um voranzukommen: Widersprüche sind die Quelle der Entwicklung und des Fortschritts.

In dem Moment, wo du das angenommen hast und die Worte *oder* und *aber* oft durch das Wort *und* ersetzt, gehen viele Türe für dich auf, ja du erkennst Türen als Türen, die du zuvor für unüberwindbare Wände gehalten hattest.

Ja, es gibt beides, die Nacht und den Tag, die Wärme und die Kühle, die Nähe und die Distanz, das Zögern und die Entschlossenheit, das unangenehme Gefühl und das angenehme ... indem du beide annimmst, mit der Einsicht, dass sich Gegensätze gleichzeitig ausschließen und bedingen, begreifst du, dass Freiheit die Einsicht in die Notwendigkeit ist und alles ist für dich möglich.

NLP – Neurolinguistisches Programmieren

Möglicherweise hast du schon von NLP gehört. Vielleicht kamen dir da auch Begriffe wie Manipulation, Machtmissbrauch, Druckverkauf und Skrupellosigkeit zu Ohren ...

Du hast in *»Pimp Your Brain! Erste Hilfe für deine High Performance«* zahlreiche Techniken und Strategien aus dem NLP angewendet und weißt: NLP funktioniert. Was ist NLP wirklich?

NLP steht für Neurolinguistisches Programmieren und wurde Mitte der 1970er Jahre von Richard Bandler, Mathematiker, Physiker und Rockmusiker und John Grinder, einem akademischen Sprachwissenschaftler entwickelt.

Am Anfang stand dabei die Untersuchung der Arbeits- und Sprachweise von drei der erfolgreichsten Psychotherapeut_innen der damaligen Zeit: Milton H. Erickson, der bedeutendste Hypnotherapeut, Virginia Satir, die Familientherapeutin und Fritz Perls, Gründer der Gestaltherapie.

Während die Drei nicht unbedingt viel voneinander hielten und sich auch in ihren Methoden stark unterschieden, hatten sie 2 wesentliche Dinge gemeinsam:

Sie hatten oft Erfolg – und das ist für Psychotherapeut_innen auch heute alles andere als selbstverständlich! (Psychotherapien waren und sind damals wie heute oft von teils jahrelangen wöchentlichen Besuchen geprägt. - Ein hervorragendes Geschäftsmodell für die eine Seite ...)

Sie verwendeten sehr ähnliche Sprachmuster.

Einer der größten Verdienste von Richard Bandler und John Grinder ist es, genau diese Sprachmuster herausgearbeitet und im Metamodell der Sprache und dessen Gegenstück, dem Milton-Modell zusammengefasst zu haben.

Kurz gesagt beschäftigt sich das Metamodell mit den sprachlichen Strukturen, die wir Menschen zur Abbildung und Wiedergabe der Wirklichkeit in unserem Bewusstsein verwenden.

Unmittelbar daraus leitet sich auch eine der spannendsten und hilfreichsten Grundannahmen des NLPs ab: Die Landkarte ist nicht das Gebiet.

Allein diese Einsicht macht *jedes* Gespräch, das du führst, interessant – dieser Vergleich der Landkarten, bzw. die Erweiterung deiner eigenen Landkarte, ist so befruchtend. Es war eine gute Entscheidung, dass du das schon in deinen Konversationen freudig berücksichtigst.

Richard Bandler und John Grinder haben den Namen NLP nicht frühzeitig schützen lassen und sind auch schon bald getrennte Wege gegangen. Ein Ergebnis ist, dass du heute unter dem Namen NLP auf sehr unterschiedliche Angebote treffen kannst, die sich zum Teil sehr stark von dem lebensbejahenden und menschenliebenden lebendigen NLP unterscheiden, das von Richard Bandler in den letzten 40 Jahren permanent weiterentwickelt und optimiert wurde und heute von der Society of NLP weltweit gelebt und gelehrt wird.

Eine Frage Richard Bandlers spiegelt für mich am besten wider, wofür NLP gut ist. Sie stand für mich und viele andere Menschen am Beginn der Reise mit NLP: *»Wie viel Glück hältst du aus?«*

Und ... die Antwort ist ganz einfach – so wie die Erfolgsstrategien des NLP: »Unbegrenzt viel!«

Und ... das gilt für jeden Menschen und ganz besonders für dich!

Jeder Mensch hat mit seiner Geburt das Recht auf ein wunderbares Leben erworben! Was genau das für dich bedeutet, das darfst du selbst entscheiden.

Denn genau so, wie nur du die Verantwortung für deine Gefühle hast, darfst auch nur du bestimmen, wie dein Glück aussieht!

»Wie sieht dein Leben aus, sobald es so richtig toll ist?« Das ist eine zweite Frage, die ganz charakteristisch für das Modell von NLP ist. Und deine eigene Antwort darauf ist der Moment, in dem dein Leben schon begonnen hatte wunderbar zu sein!

Im NLP spielen wir mit der Wechselwirkung zwischen Bewusstsein und Anders-als-Bewusstsein, wir vergleichen und erproben Strategien. Immer mit dem Ziel uns das Leben zu vereinfachen und uns immer wohler zu fühlen.

Ja, es gibt zahlreiche Techniken im Modell von NLP, die auf ganz einfache und schnelle Weise Veränderungen möglich machen.

Du hast eine Voraussetzung mitgebracht: Du bist bereit für die Entscheidung dein Leben in deine Hand zu nehmen und schon jetzt über die Dinge zu lachen, über die du in einem früheren Leben vielleicht erst im Nachhinein gelacht hättest.

Wozu warten? Heißt auch hier die Devise.

Humor ist die wichtigste Ressource, die Veränderung schnell, leicht und nachhaltig ermöglicht.

Und das Allerbeste hast du sicher schon lange bemerkt, gleich als du die Entscheidung für dein wunderbares Leben getroffen hattest:

Jeder Tag ist ein Stück schöner als der davor!

Hier einige der Grundannahmen des NLP:

Wir alle haben verschiedene Landkarten der Wirklichkeit.

Alle Gefühle und gedanklichen Prozesse sind Ausdruck von chemischen und elektrischen Vorgängen in unserem Körper.

Du hast gehen gelernt, du hast ohne Vorkenntnisse eine Sprache gelernt ... alles, was du jetzt lernst, geht schnell und leicht.

Du trägst alle notwendigen Ressourcen bereits in dir.

Wir Menschen können uns verändern und weiterentwickeln – egal wie alt wir sind.

Erfolg und Glück erreichst du, indem du die Verantwortung für dein Leben, deine Gefühle, deine Handlungen vollständig übernimmst.

Je vielfältiger du die Außenwelt in dir repräsentierst, desto flexibler verhältst du dich.

Sobald du in einem guten Zustand bist, triffst du gute Entscheidungen.

Wenn du etwas ändern willst, veränderst du dein eigenes Verhalten.

Indem du dein eigenes Verhalten *veränderst* du die Welt.

Sprache schafft Wirklichkeit.

»Freiheit ist Alles - und Liebe ist der Rest« (Richard Bandler)

Die Entspannungsreaktion

Dir ist beim Lesen, Trainieren und Anwenden der Erste-Hilfe-Techniken sicher aufgefallen, dass der Wechsel in der Wahrnehmung, in den Gefühlen, die du dir machst, immer mit einem entspannten Zustand verbunden ist.

Die Entspannung hat eine körperliche und mentale Komponente und äußert sich als Entspannungsreaktion – die Gegenspielerin und Partnerin der Stressreaktion.

Du kannst sie, wie du erlebt hast, über stärker mentale oder stärker körperliche Impulse und Wege einleiten, vertiefen und nutzen und sie ist immer von bestimmten, für dich einzigartigen körperlichen Prozessen begleitet.

Deine Gehirntätigkeit spielt sich in der Entspannung in anderen, langsameren Schwingungen ab, du setzt einen bestimmten Cocktail von Hormonen und Neurotransmittern frei, ausgewählte Nerven und Nervengruppen feuern gemeinsam, dein Atem und Herzschlag sind tief und rhythmisch, deine Durchblutung steigt - um nur einige Beispiele zu nehmen.

Sei offen für die körperlichen Veränderungen, die sich unwillkürlich durch die Entspannungsreaktion einstellen.

Dies können ein Gefühl von Leichtigkeit, von Schwere, von Schwebezustand sein, ein Kribbeln in den Gliedmaßen, in den Fingern und Zehen, eine Wärme im Bauch- und Brustbereich. Lass dich überraschen, wie gut und wo sich deine Entspannung im Körper ausbreitet.

Dieser entspannte Zustand ist das Fundament, auf dem du deine Gedanken und Gefühle veränderst – erst bewusst und dann auch anders-als-bewusst.

Zugleich schaffst du dir mit deiner Fähigkeit dich tief zu entspannen auch deine Fähigkeit zur gezielten Anspannung in den Situationen, wo du das brauchst.

In der Kombination dieser beiden so unterschiedlich scheinenden Phänomene findest du Kraft und Ressourcen, um dein Potential auszuleben und deine optimale Leistung zu bringen.

Klopf-dich-frei-Technik

Klopf-dich-frei wird in englischsprachigem Raum mit Tapping bezeichnet und kommt ursprünglich aus den USA, als die verheerenden Konsequenzen, die der Vietnamkrieg auf das Leben vieler heimgekehrter Soldaten hatte, nicht mehr zu übersehen waren. Die bisherigen Behandlungsmethoden der Medikamentation und verschiedene Arten von Psychoanalyse und Psychotherapien waren unbefriedigend, sehr teuer und brachten dem betroffenen Menschen oft keine spürbare Erleichterung des Posttraumatischen Stresssyndroms, PTSS, wie die vielfach persönlichkeitszerstörenden Symptome nach einem traumatischen Ereignis genannt werden.

In den 70-er Jahren hat der Psychologe Dr. Roger Callahan eine Methode entwickelt, bei der bestimmte Meridianpunkte am Kopf und Oberkörper beklopft/getappt werden. Es stellt sich eine unmittelbare Reaktion ein. Im Ergebnis trennt die „beklopfte" Person die emotionale Verbindung, die zum traumatisierten Ereignis stattgefunden hatte. Sie löscht nicht die Erinnerung, sondern die emotionale Last, die damit bis dahin verbunden war! Der Mensch kann endlich befreit aufleben, manche und mancher nach über 20 Jahren wieder zum ersten Mal durchschlafen, sich in ihrem oder seinem eigenen Körper wohl fühlen, die Gegenwart der Familie, Freundinnen und Freunde als Schatz schätzen und endlich befreit Zukunftspläne machen.

Tapping gibt dem Menschen seine Handlungsfähigkeit zurück und lässt ihn und sie Frieden mit seiner, ihrer Vergangenheit leben!

Klopf-dich-frei gibt Menschen ihre Freiheit zurück.

Die Klopf-dich-frei-Technik ist eine Methode, die in verschiedenen Ausführungen in vielen Ländern der Welt erfolgreich angewendet wird.

Wir haben es uns zum Ziel gemacht, sie auch in Europa zu verbreiten.

Die moderne Hirnforschung weiß inzwischen ziemlich gut, wie eine Stressreaktion abläuft. Das Hirn schaltet auf Notfall und legt bestimmte Nervenbahnen zum Speichern und Verarbeiten des Ereignis an.

Manchmal kann es passieren, dass der Mensch immer wieder in eine ähnliche Situation kommt oder dass eine Einzelheit den Menschen in einem gar nicht bewussten ablaufenden Prozess an das Ereignis erinnert und das Hirn feuert wieder seine Stressreaktion ab.

Inzwischen ist auch bekannt, dass 86 % der Krankheiten auf Stress zurückzuführen sind.

Was ist also alles an Gesundheit, Wohlbefinden, Freude, aktives Gestalten deines Lebens und volles Ausleben deiner ungezählten Talente möglich, sobald du in der Lage bist, alte Stressreaktionen aus deinem Körper zu tilgen!

Und wie fühlst sich das denn an, sobald du wieder einen Horizont am Himmel siehst, die Sonne auch für dich lacht und der zentnerschwere Berg an Leid und Schmerz endgültig von dir abgefallen ist? Das, was wir dir gerade beschrieben haben, sind die Reaktionen der Menschen, die bei uns schon ein Klopf-dich-frei erlebt haben.

Wir beziehen uns in unseren Trainings auf eine Weiterentwicklung der Tappingmethode, dem TTT, Trauma(free)-Tapping-Technique, die aktuell tausendfach weltweit und insbesondere in afrikanischen Ländern von betroffenen Menschen benutzt wird.

Sie ist sehr leicht erlernbar, setzt keine Vorkenntnisse voraus und hilft auch bei wirklich starken emotionalen Erschütterungen. Die Klopf-dich-frei-Technik wurde in der Arbeit mit ehemaligen Soldaten, Folter- und Vergewaltigungsopfern entwickelt und wird etwa in Ruanda verwendet, um Menschen zu unterstützen mit den Folgen des Völkermords zurechtzukommen.

So schnell und einfach die Klopf-dich-frei-Technik ist, du darfst sie lernen und sobald wir dein Interesse für sie geweckt haben, findest du auf www.pimpyourbrain.com mehr darüber.

Hypnose und Selbsthypnose

Selbsthypnose ist ein mächtiges und äußerst wirksames Mittel, mit dem du dich zu jeder Zeit und an jedem Ort schnell entspannen kannst. Ich könnte auch sagen: Letztlich ist jede Hypnose in Wirklichkeit Selbsthypnose und von zwei wesentlichen Elementen gekennzeichnet. Die Selbsthypnose führt in entspannte Zustände und die Selbsthypnose ist zielgerichtet.

Wir nennen diese entspannten Zustände auch Trance und so wie jeder Mensch kennst du sie, auch wenn du dir vielleicht dieser Tatsache noch nicht bewusst warst. Zumindest zweimal am Tag bist du in einem dieser tief entspannten Zustände zwischen Wachsein und Schlafen: unmittelbar vor dem Einschlafen und unmittelbar vor dem Aufwachen.

Hypnotische, entspannte Zustände sind eine wunderbare Mischung von hoher Konzentration auf ein ausgewähltes Thema und gleichzeitiger Entspannung in allen anderen Bereichen – auf körperlicher und geistiger Ebene. Mit Kontrollverlust oder Ausgeliefertsein hat Selbsthypnose nichts zu tun – im Gegenteil, indem du dich entspannst und loslässt, gewinnst du an Kontrolle und erweiterst deine Wahlmöglichkeiten. Du übernimmst das Steuer in deinem Leben. Viele Menschen kennen solche Zustände von längeren Autofahrten, vom Sport, Lesen, Filmsehen, Handarbeiten und ähnlichen Beschäftigungen. Tagträumen ist auch ein anderes Wort für eben diese entspannten Zustände, die auch im Mittelpunkt der Veränderungsarbeit mit Hypnose stehen – dabei wirst du von einem Hypnotiseur oder einer Hypnotiseurin begleitet.

Selbsthypnose wendest du an, um schnell und leicht in einen entspannten Zustand zu gelangen. Mit Anleitung und Übung lernst du diese Zustände bewusst einzuleiten und sie dir zunutze zu machen. Im Unterschied zur Meditation setzt du dir dabei auch ein konkretes Ziel. Wie etwa ruhig sein, entschlossen sein, konsequent sein, ...

Die Anwendungsgebiete der Selbsthypnose sind vielfältig. Sport, Entscheidungsfindung, Zielerreichung, Problemlösung, Idealgewicht, Zahnarztbesuch, Stressreduktion, Stressmanagement, Gesundheit und körperliches Wohlbefinden, Höchstleistungen abrufen... und eben, um dich aus einem negativen Gefühl zu befreien.

Du verwendest Selbsthypnose sowohl als vorsorgende Technik, die dir Stabilität und Flexibilität im Verhalten gibt als auch als Erste-Hilfe-Maßnahme, um schnell und leicht aus negativen Emotionen herauszukommen - zum Erreichen deiner langfristigen Ziele.

Sehr hilfreich für deine High Performance sind aufgenommene Selbsthypnosesessions, die du dir immer wieder anhörst, wie die geführten Trancen von Pimp Your Brain.

Tai Chi

Tai Chi ist eine chinesische Kampfform, die an Schattenboxen erinnert. Die Bewegungsabläufe, die du im Tai Chi ausführst, sind teils die gleichen wie im Kung Fu. Die Bewegungen werden allerdings in der Regel langsam und besonders genau ausgeführt.

Im Mittelpunkt steht dabei oft das Aufnehmen von Energie, die von außen kommt wie bei einem Angriff. Dieser Energie wird nicht Widerstand geleistet, sie wird positiv verwertet und organisch zurückgelenkt.

Gelenkigkeit, Konzentrationsfähigkeit und eine Stärkung der körperlichen Mitte und Stabilität sind einige der Vorteile, die das regelmäßige Anwenden von Tai Chi bringt.

Tai Chi ist auch eine körperzentrierte Meditationstechnik, die es Menschen erlaubt und erleichtert in tief entspannte Zustände zu gehen.

Die Bewegungen im Tai Chi sind weich und fließend – so wie sich ein Fluss unaufhaltsam seinen Weg zum Meer bahnt.

Bei fortgeschrittener Beschäftigung mit Tai Chi kommen auch einzelne, explosive Bewegungen hinzu, die mit der Dialektik von Anspannung und Entspannung spielen.

Tai Chi ist wie Qi Gong eine hervorragende Schule, um die Achtsamkeit und Aufmerksamkeit dem eigenen Körper und Sein gegenüber zu entwickeln.

Auch hier spielt das lockere, natürliche Atmen eine zentrale Rolle.

Es gibt mittlerweile zahlreiche Tai Chi-Stile, die sich teils sehr stark voneinander unterscheiden.

Das Gegensatzpaar von Yin und Yang drückt sich in den unterschiedlichen Formen und Bewegungsabläufen aus.

Qi Gong

Qi Gong ist eine entspannende, chinesische, körperorientierte Meditations- und Bewegungsweise.

Atemübungen und Bewegungen, bei denen du deine kleine innere Muskulatur nutzt und förderst, stehen dabei im Mittelpunkt.

Qi Gong hat seinen Ursprung in der TCM (Traditionelle Chinesische Medizin), wo Bewegung neben der Ernährung, Kräutermedizin und Akupunktur/Akupressur eine bedeutende Rolle spielt.

Die Bewegungsformen sind meist rituell und folgen Bewegungsmustern aus den chinesischen Kampfkunstformen.

Es gibt mittlerweile viele unterschiedliche Interpretationen von Qi Gong, die sich verschieden weit von den chinesischen Quellen entfernt haben.

Gerade in der Gesundheitsvorsorge gibt es viele hilfreiche Übungen, die auch stark mit dem Konzept der Meridiane = Energiebahnen im menschlichen Körper arbeiten. So haben viele Bewegung eine Dehnung bzw. Aktivierung bestimmter Meridiane zum Ziel.

Ein wichtiger, nützlicher Effekt von Qi Gong ist deinen Energiefluss in dir frei durchgängig zu machen und so dein Wohlbefinden zu fördern.

Die Konzentration auf die langsam und betont ausgeführten Übungen bringt auch eine Beruhigung und Klarheit des Geists. Gleichzeitig bewirkt Qi Gong eine allgemeine Kräftigung und Stabilität von Körper und Geist.

Über mich: Christiane »Chris« Pape

High Performance Trainerin, Musikerin, Autorin

»Nichts an einer Raupe sagt dir, dass sie ein Schmetterling werden wird.«, sagte Buckminster Fuller, der geniale Architekt und Erfinder, der mit seinem Geist zauberte und der Welt neue Möglichkeiten in Raum und Zeit schenkte.

In meiner Welt kann jeder Mensch ein wunderbarer faszinierender Schmetterling sein, der die Menschheit erfreut und erheitert.

Manche Menschen halten sich allerdings für Raupen oder in einem Kokon eingeschlossen, ohne je zu wissen, zu welcher Schönheit sie sich entfalten können!

Das hat mich von klein auf traurig gemacht! Und so habe ich schon sehr früh beschlossen, ein Leben zu führen, in dem nicht nur ich, sondern alle Menschen, auf die ich treffe, die Flügeln ausbreiten.

Dafür habe ich viele Wege eingeschlagen, viel gelernt und kennengelernt. Besonders habe ich dabei mitgenommen, dass Menschen ständig Lösungen produzieren.

Die Geschichte ist voll von Erfolgsmodellen!

Wir entwickeln uns immer entlang einer Erfolgslinie, auch wenn es nicht immer so aussieht und sich anfühlt!

Ich bin von all den Begegnungen mit den prächtigen Schmetterlingen beschenkt worden und habe immer mitgenommen, was mich weitergebracht hat. Und die Menschen, die mich am meisten beeindruckt haben und auf deren Vermächtnis ich mich mit Bewunderung berufe, die mein Leben prägen, sind Menschen, die eine wunderbare nie versiegende Quelle der Liebe zum Leben haben, die die Liebe zum Menschen einschließt, die immer weiterfließt. Diese Menschen haben mich gelehrt, dass jede und jeder, egal, was sie oder er in ihrem, seinem Leben bisher erfahren hatte, zu Schönheit, Leichtigkeit, Freude, Humor und Lachen und zu High Performance fähig ist.

Ich bin sehr anspruchsvoll: Ich will von Schönheiten, von High Performern und High Performerinnen umgeben sein.

Und Schönheit finde ich überall, wo du dich im Flow befindest, wo du genau die Gunst des Moments und die in die Unendlichkeit ausgedehnten Augenblicke ausnützt, um die Kraft des Lebens für deine Freude, für deine Entwicklung zu nutzen!

Was gibt es Schöneres als die Leidenschaft des Leben zu teilen?

Ich habe lange als Fremdenführerin in Wien gearbeitet und den Gästen die Schönheiten der Stadt gezeigt!

Jetzt als Trainerin für High Performance, NLP, Trauma(free)-Tapping-Technique, TTT und Selbsthypnose habe ich gar nicht den Beruf gewechselt. Ich führe dich zu deinen Schönheiten und indem du dein Potential entdeckst, eröffnest du dir deine Welt, du siehst an deinem Horizont neue Welten entstehen und fliegst mit deinen ausgebreiteten schillernden Flügeln selbstbewusst und anders-als-bewusst natürlich zu deiner High Performance weiter.

»Die Minute, in der du das zu tun beginnst, was du tun willst, ist der Anfang einer wirklich anderen Art des Lebens!« (Buckminster Fuller)

Über mich: Thomas »Tom« Oberbichler

Trainer für mentale Fitness und High Performance, Bestsellerautor

Ich mag Menschen. Ich liebe das Leben und die Welt, deren Teil wir alle sind.

Das ist mir in meiner Jugend das erste Mal bewusst geworden und leitet mich als roter Faden durch die vielen Auf und Abs und teils verschlungenen und immer abenteuerlichen Wege meines Lebens.

Ich habe viel ausprobiert, viel getestet – manches hat mir gefallen und gut getan, anderes schaue ich mir sehr gern im Rückblick an und genieße die Lernerfahrungen, die ich machen durfte. Die Richtung meiner Entwicklung ging immer vorwärts und nach oben, auch wenn ich das nicht immer gleich erkannte.

Konkurrenz gibt es für mich nicht – ich vergleiche mich mit mir selbst und freue mich daran, dass ich mich jeden Tag und auf allen Ebenen verbessere – manchmal in Mikroschritten, manchmal mit Riesensprüngen.

Ich habe lange versucht, die Gesellschaft zu verändern, um das Leben von uns Menschen zu verbessern – ich habe dabei große Erfolge und auch Rückschläge erlebt. Was ich auf diesem Weg gelernt habe, ist: Ich darf mich selbst verändern und verändere so die Welt.

Meine Träume von einer schönen Welt voller glücklicher Menschen sind sogar noch größer geworden als früher, weil ich jetzt viel genauer und konkreter weiß, wohin ich will.

Ich habe losgelassen und die Verantwortung übernommen. Immer auf der Grundlage und in der Reihenfolge: Ich bin, also denke ich, also fühle ich, also handle ich, also bin ich besser.

Die Werkzeuge und Strategien, die ich kennen und anwenden gelernt habe, sind dialektisches Denken, Neurolinguistisches Programmieren, hypnotische Sprachmuster und tief entspannte Zustände als Fundament und Treibstoff der Veränderung. Und all das auf einer materialistischen Grundlage. Es gibt eine Welt außerhalb von mir und ich bin Teil von ihr. Das macht mir meinen Erfolg möglich.

Erfolg bedeutet für mich, dass ich die Verantwortung für mein Denken, Fühlen und Handeln wieder vollständig übernommen habe und mein Leben selbst steuere – in meine Richtung.

Was ich in meinem Leben auch gelernt habe ist das Potential von mir selbst und anderen Menschen zu erkennen. Ja, ich sehe das Potential meines Gegenübers – vor dem Spiegel genauso wie auf der Straße, im Internet, ...

Nahezu immer ist das Potential, das ich sehe und fühle, größer als der Mensch aktuell selbst. Und genau hier habe ich meine Mission gefunden: Ich helfe als Trainer für mentale Fitness Menschen dabei ihr Potential nachhaltig zu entdecken, es auszuleben und zu erweitern.

Mein Zugang ist dabei weder eine Therapie noch ein Coaching. Ich verstehe mich als Personal Trainer für Gedanken und Gefühle – ich bin Trainer für mentale Fitness und High Performance.

Für mich sind Menschen weder krank noch kaputt – Menschen verbringen ihr Leben in verschiedenen Zuständen und arbeiten mit unterschiedlichen Strategien und Verhalten. Manche dieser Gedanken, Verhalten, Strategien funktionieren nicht – ich helfe Menschen neue Gedanken, Verhalten, Strategien zu trainieren. Manche dieser Gedanken, Verhalten, Strategien funktionieren schon gut – ich helfe Menschen sie zu optimieren.

In meiner Welt haben wir alle nur dieses eine Leben und es ist unsere Verantwortung uns selbst und der Welt gegenüber unsere optimale Leistung, unseren optimalen Beitrag zu bringen.

Das gilt für mich und dich.

Diese Optimierung ist der Weg zur High Performance in allen Lebensbereichen und wie jede Fitness ist mentale Fitness eine Lebenseinstellung, eine Kette von ständig neuen richtigen Entscheidungen und ein kontinuierlicher Prozess, in dem du nachhaltig das Beste aus deinem Gehirn herausholst.

Es ist nie zu spät damit zu beginnen das eigene Potential auszuleben und die eigenen Ressourcen optimal umzusetzen. Und: Je früher du beginnst, desto weiter kommst du.

Ich freue mich auf dich!

Pimp Your Brain und be wonderful!

Tom

www.pimpyourbrain.com

Die Vision des be wonderful! Verlags

Freude, Glück, Lebenslust und Erfolg sind Gefühle, die immer größer werden, je mehr wir sie teilen.

Freude, Glück, Lebenslust und Erfolg stehen im Mittelpunkt der Verlagstätigkeit von be wonderful!

Nicht jede Situation im Leben ist lustig und ja, es geschehen auch richtig miese Dinge, die sich wirklich schlecht anfühlen.

Die Autoren und Autorinnen im be wonderful! Verlag starten in ihren Büchern oftmals in genau solchen Situationen und den Gefühlszuständen, die vielleicht damit verbunden waren, bei den Fragen und Problemstellungen, vor denen Sie sich als Mensch in allen Lebensbereichen finden können und führen Sie zu Antworten und Lösungen.

Selbstverantwortlich leben bedeutet, sich nicht als passives Opfer zu begreifen, sondern das eigene Leben aktiv zu gestalten.

Auf diesem Weg begleiten Sie die Bücher im be wonderful! Verlag.

Die Zugänge der einzelnen Autoren und Autorinnen können sich stark unterscheiden – es gibt immer mehr als eine Lösung für jedes Problem und mehr als eine Antwort auf jede Frage.

Sie finden beim be wonderful! Verlag Sachbücher, Ratgeber, Gedichtbände, Kurzgeschichten, Erzählungen und Romane. Die Stilrichtungen sind so mannigfaltig wie die unendlichen Möglichkeiten, die die Zukunft für Sie bereithält.

Das Beste an der Vergangenheit ist, dass sie vorbei ist und Ihnen als Ressourcen und Erfahrungen in der Gegenwart dient, dem wichtigstem Moment der Zeit, dem Jetzt.

Ein glückliches und erfülltes Leben ist ein Recht, das Sie sich mit Ihrer Geburt erworben haben.

Holen Sie es sich jetzt – mit Unterstützung von Büchern und Musik aus dem be wonderful! Verlag.

www.be-wonderful.at/verlag

Weitere Bücher im be wonderful! Verlag

Dr. Patrick K. Porter:

»Mit Vollgas zu Glück und Erfolg – Wie Sie erfolgreich durch ein Leben voller Stress steuern« (Deutsch von Thomas Oberbichler)

Wissenschaftliche Hintergründe, Gedankenexperimente und Übungen, Erfahrungsberichte und noch mehr zu Stressmanagement und Erfolg – eBook und Taschenbuch

»6 Geheimnisse eines G.E.N.I.E.S. - Aktivieren Sie Ihr ganzes Potential!«

Mit diesen Metaphern und Geschichten entfalten Sie Ihr ganzes Potential

Thomas Oberbichler:

»Ziele finden setzen erreichen – In 3 Schritten zu Ihrem Erfolg«

Ein praktisches Arbeitsbuch mit dem Sie die für Sie richtigen Ziele finden, setzen, erreichen – eBook und Taschenbuch

»Meditation – Hypnose – Entspannung: Eine Anleitung zur Selbsthypnose«

mit Atemübungen, Entspannungsübungen, Tranceinduktionen und -verführungen, 11 geführten Trancen – eBook und Taschenbuch

»Metaprogramme im NLP erkennen, verstehen, anwenden«

Einführung in die wichtigsten Metaprogramme mit starkem Praxisbezug – eBook und Taschenbuch

»be wonderful! Emotional erfolgreich mit angewandtem NLP«

Kurze Geschichten führen Sie in die Welt des NLP (Neurolinguistisches Programmieren) ein. Sie lernen bewusst wie anders-als-bewusst – eBook und Taschenbuch

»101 Tipps – Wie werde ich glücklich und emotional erfolgreich?«

101 praktische und erprobte Tipps – eBook und Taschenbuch

»Wandelnde Worte – Mit Trancegedichten vom Stress zur Entspannung«

Hypnotische Gedichte für Ihre Entspannung und Ihren Erfolg – eBook und Taschenbuch

»Feedback erfolgreich nutzen – Konstruktiv mit negativen Rezensionen, Kommentaren, Kritik umgehen«

Angewandtes NLP nicht nur für Autoren und Autorinnen – eBook

Selbsthypnose-Downloads als mp3:

»Grundreinigung« – mp3 Download

»An- und Entspannung« – mp3 Download

»1, 2, 3, Los! Entspannt, motiviert, erfolgreich« – mp3 Download

»Schnellentspannung« – mp3 Download

Christiane Chris Pape:

»Bob's Tenderness«/Unicorn Records

14 Minuten Entspannungsmusik, live eingespielt mit Sansula und Meeresrauschen in Bajamar, Teneriffa - mp3 Download

»The Tenderness of Men«/Unicorn Records

40 Minuten Entspannungsmusik live mit Sansula – mp3 Download

»Herbstzeit-Loslassen«

29 Minuten gesprochene Trance mit live gespielter Sansula und Kalimba Musik - mp3 Download

Rubi Khen

»Plötzlich ohne dich – Aus der Trauer zu neuem Leben«

Der Tod ihrer Tochter, die Fassungslosigkeit, Trauer und Verzweiflung der Autorin stehen am Anfang dieses bewegenden Buchs, in dem Rubi Khen zeigt, wie sie zu neuem, positiven Leben gefunden hat.

Dagmar Araia

»Das war doch noch nicht alles! Neustart mit 50+«

Berufliche Perspektiven und Neuorientierung mit 50 +

Die Autorin bietet im ersten Teil eine Orientierungs- und Entscheidungshilfe im Beruf für Menschen mit 50+. Der zweite Teil ist eine praxisorientierte Handlungsanleitung auf dem Weg in die Selbstständigkeit.

Hier finden Sie die Bücher und Musikstücke des be wonderful! Verlags:

www.be-wonderful.at/verlag

Copyright und Haftungsausschluss

4860921R00082

Printed in Germany
by Amazon Distribution
GmbH, Leipzig